LESEN MIT PFIFF

2

Erarbeitet von
Isolde Stangner
Anne Braun
Ulrike Herbst
Heide Krahnepuhl
Heike Manthey
Josefine Mayer
Anita Steinhäuser

Illustrationen von
Barbara Schumann
Antje Kahl
Marta Koci
Gisela Röder

öbv&hpt, Wien
www.oebvhpt.at

In Verlagsgemeinschaft mit:
Verlag Jugend & Volk, Wien
Leykam Buchverlag, Graz

www.e-LISA.at

Mit Bescheid des Bundesministeriums für Bildung, Wissenschaft und Kultur vom 2. August 2002, GZ 44.427/1-V/1/2001, gemäß § 14 Absatz 2 und 5 des Schulunterrichtsgesetzes, BGBl. Nr. 472/86, und gemäß den derzeit geltenden Lehrplänen als für den Unterrichtsgebrauch an Volksschulen für die 2. Schulstufe im Unterrichtsgegenstand Deutsch, Lesen, Schreiben geeignet erklärt.

Dieses Schulbuch wurde auf der Grundlage eines Rahmenlehrplanes erstellt; die Auswahl und die Gewichtung der Inhalte erfolgen duch die Lehrer/innen.

Schulbuchnummer: 110004

Liebe Schülerin, lieber Schüler,
du bekommst dieses Schulbuch von der Republik Österreich für deine Ausbildung. Bücher helfen nicht nur beim Lernen, sondern sind auch Freunde fürs Leben.

Umschlag: nach der Umschlaggestaltung von Torsten Lemme unter Verwendung einer Illustration von Barbara Schumann
Layout und grafische Gestaltung: Dagmar & Torsten Lemme

Schulbuchvergütung/Bildrechte©VBK/Wien

1. Auflage 2002 (1,00)

Druck: BBGD, Wöllersdorf
ISBN 3-209-**03910**-0

Inhalt

Die Schule macht die Türen auf

Familiengeschichten

Du und ich und wir

Gesund bleiben – sich wohl fühlen

Die Erde ist unser Haus

Bei uns und anderswo

Jeder ist wichtig

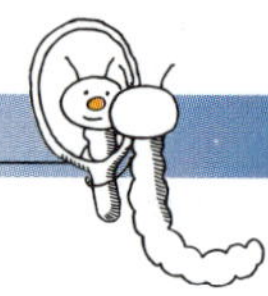

Traumhaftes und Zauberhaftes

Die Zeit vergeht

Blätter an meinem Kalender

* Gedichte ** Lieder *** Reproduktionen

Lesen mit Pfiff – mit Internetergänzung SbX (= SchulbuchExtra)
Über 50 Online-Übungen beziehen sich auf die Texte im Lesebuch und eignen sich zum Einsatz im Unterricht oder zum Üben zu Hause.

- Zum Wiederholen und Festigen der Lerninhalte
- Selbstkontrolle
- Individuelles Arbeitstempo

Übung zu S. 18/19 im Lesebuch

Lesen mit Pfiff 2 mit SbX
Lehrbuch mit Internetergänzung
SB-Nr. 111045

Die Schule macht die Türen auf

Rätsel

Viele Fenster und auch Türen
sind in einem großen Haus!
Viele Kinder sieht man laufen,
gehen dort täglich ein und aus.

Wo ich am liebsten lese

Ich lese am liebsten im Bett.

Ich lese am liebsten auf dem Klo.

Ich lese am liebsten in der Küche.

Ich lese …

Wenn ich lese, habe ich keine Langeweile.
Wenn ich lese, ärgere ich mich nicht über schlechtes Wetter.
Wenn ich lese, habe ich viel Spaß.
Wenn ich lese …

Was ich alles kann

Ich kann
aufstehen und mich anziehen
Bilder beschreiben
ein Clown sein
dichten
einkaufen
Feste feiern
guten Tag sagen
helfen
Igel von Löwen unterscheiden
Jahreszeiten aufsagen
Knöpfe annähen
Lieder singen
Messer und Gabel benutzen
naschen und unartig sein
Ordnung halten
Pflanzen erkennen
die Straße überqueren
ruhig sein
Schuhe putzen
turnen
die Uhr ablesen
verreisen
mich waschen
X von einem Y unterscheiden
zehn Zahlen finden

Hannes Hüttner

Noch mehr ABC

Wie heißen diese Kinder?

Die Auflösung findest du auf Seite 164.

Hans Gärtner

Riesen-Spaß-Wörter

Es regnet. Tim und Nina langweilen sich.
„So ein blöder Regen“, sagt Tim.
„So ein blöder Regentag“, sagt Nina.
„So eine blöde Regentagslangeweile“, sagt Tim.
Da hat Nina **die** Idee:
„Du, wir suchen Riesen-Spaß-Wörter!“

Ninas Riesen-Schul-Spaß-Wörter

Lehrer

Lehrerzimmer

Lehrerzimmertür

Lehrerzimmertürschlüssel

Lehrerzimmertürschlüsselloch

Lehrerzimmertürschlüssellochgucker

Tims Riesen-Schul-Spaß-Wörter

Klassenwandertag

Schultaschenrücklicht

Tafelschwammnassmacher

Lesefuttersuppenteller

Lesebuchgeschichtenerfinder

Dann suchen Nina und Tim
Quatschwörter, Regenwörter und Liebhabewörter.
Aber die sind leider verloren gegangen.

Gute Nacht mit B

Ein **B**all, ein **B**är, ein **B**ild, ein **B**ett,
wie gern ich jetzt ein Buch noch hätt'.

Ein **B**är, ein **B**ild, ein **B**ett, ein **B**all,
bis morgen Früh auf jeden Fall.

Ein **B**ild, ein **B**ett, ein **B**all, ein **B**är,
dem Müden fällt der Schlaf nicht schwer.

Ein **B**ett, ein **B**all, ein **B**är, ein **B**ild,
schlaf schön und schnarche nicht so wild.

Michael Joosten (bearbeitet)

Das **A** und das **U**
stießen heftig zusammen
(wahrscheinlich war es
glitschig und nass).
Jedenfalls tat
der Zusammenprall weh;
drum schrien sie.
Aber was? Aber was?

Hans Manz

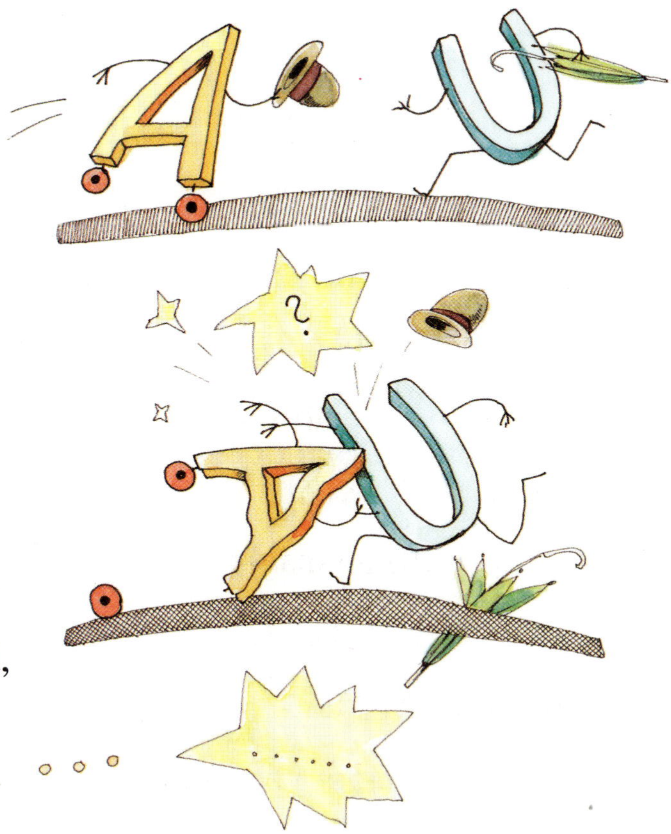

Stundenplan

Am Stundenplan erkennt ein Kind,
Wann welcher Unterricht beginnt.

James Krüss

Freunde

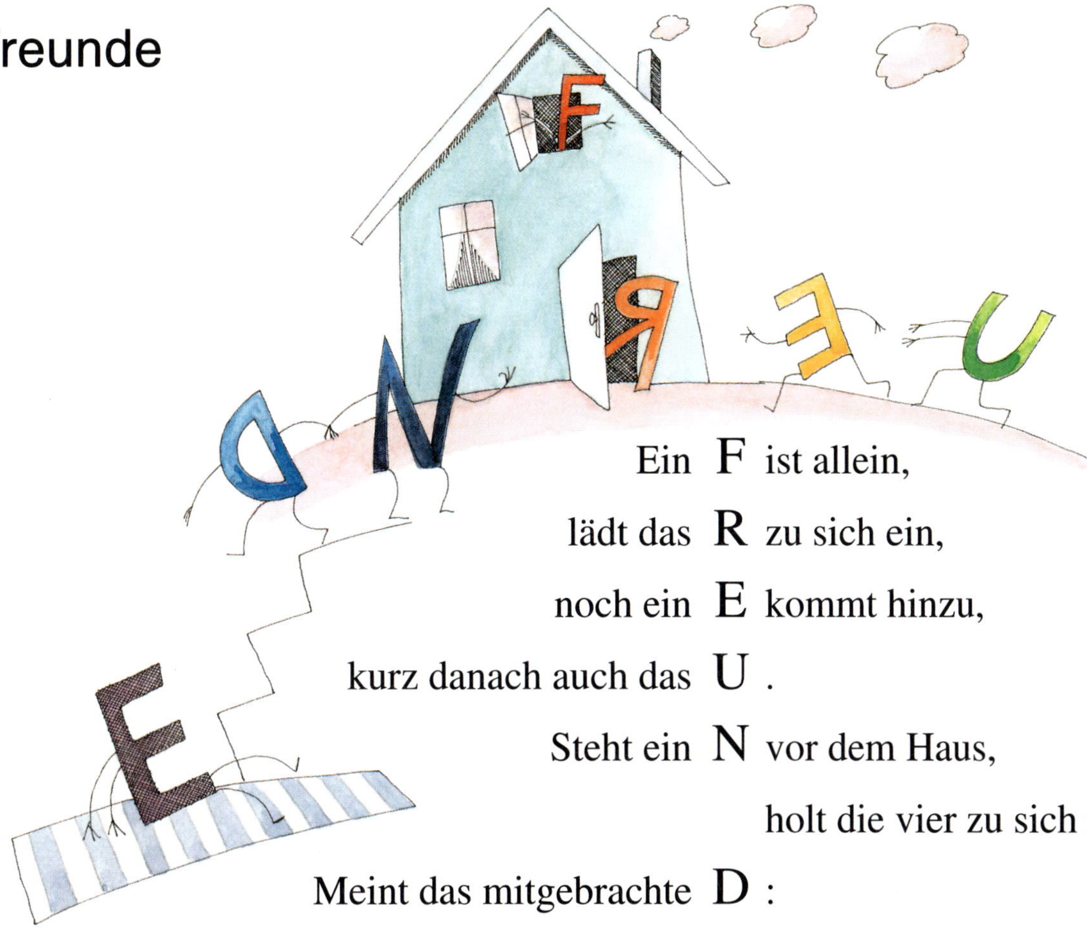

Ein **F** ist allein,
lädt das **R** zu sich ein,
noch ein **E** kommt hinzu,
kurz danach auch das **U** .
Steht ein **N** vor dem Haus,
holt die vier zu sich raus.
Meint das mitgebrachte **D** :
„Kommt, wir gehen zum **E** !“

Regina Schwarz

Fußball spielen
miteinander **r**eden
Fr**eu**de machen
nicht streiten
aneinander **d**enken
etwas schenken

Das Geheimnis der acht Zeichen

Eines Abends findet Felix einen Brief
unter seinem Kopfpolster.
Er öffnet den Umschlag
und liest eine geheimnisvolle Nachricht.

Vorsichtig
klettert Felix
die Leiter hinauf.
Sie schwankt und biegt sich.
Felix blickt durch das Fenster
und sieht die große Überraschung.
Da steht ein Korb
und in dem Korb
sitzt ein kleiner Hund.
Er winselt und bellt
und freut sich,
dass Felix ihn gefunden hat.

Geheimschrift

Wer seinem Freund eine geheime Botschaft übermitteln will, kann sie mit unsichtbarer Tinte aufschreiben.
Hierzu folgendes Rezept:
Drei Esslöffel Wasser in eine Tasse gießen.
Dann so viel Salz einrühren, bis sich das Salz nicht mehr auflöst und am Boden absetzt.
Nun ist die Tinte fertig.
Die Schrift verschwindet auf dem Papier, sobald die Geheimtinte trocknet. –
Lesbar wird die geheime Botschaft erst wieder, wenn das Blatt an einer Glühlampe erwärmt wird.

Ich wette mit dir,
dass sich in diesem Augenblick
keine fünfzig Zentimeter von diesem
Punkt

entfernt ein Spiegel befindet!
Na, hätte ich meine Wette gewonnen?

Du kannst die Wette ja auch anderen anbieten.

Wenn ein Löwe in die Schule geht

Wenn ein Löwe in die Schule geht,
lernt er:
brüllen und schleichen
und mit weichen
Tatzen
kratzen.

Wenn ein Hase in die Schule geht,
lernt er:
mümmeln[1]
und lümmeln,
hoppeln und springen,
aber nicht singen.

Wenn ein Igel in die Schule geht,
lernt er:
Kugel spielen,
nachts holterdipoltern
und die langen
Schlangen
fangen.

Wenn ein Rasenmäher in die Schule geht,
lernt er:
Rasen scheren,
Ruhe stören,
schneidig blinken
und stinken.

[1] fressen

Wenn ein Floh in die Schule geht,
lernt er:
Hochsprung und beißen,
das will schon was heißen.

Wenn die Kinder in die Schule gehn,
lernen sie:
lesen, rechnen, schreiben,
auf den Plätzen bleiben,
sie lernen von Blumen und Spatzen
und warum die Luftballons platzen.

Wenn der Schnittlauch in die Schule geht,
lernt er:
sich recken und strecken,
schön grün sein
und auf dem Butterbrot schmecken.

Wenn eine Hexe in die Schule geht,
lernt sie:
auf Besen reiten,
paragleiten,
zaubern und hexen
und sich versteckseln.

Friedl Hofbauer/Anna Melach

Schimpfeln

Sofie steht mitten auf dem Schulhof.
Die Kinder rennen um sie herum.
Sofie ist ganz rot im Gesicht.
Sie hat eine riesige Wut.
Katja und Olli wollen nicht mit ihr spielen.

„Ihr blöden Hornochsen!“, schreit sie.

Sie schreit es ein paar Mal
hintereinander.

Frau Heinrich kommt auf sie zu.
Sofie ist es egal.
Ihre Wut ist wichtiger
als Frau Heinrich.
„Fluch doch nicht so, Sofie“,
sagt Frau Heinrich.
„Das ist hässlich.“

„Aber die lassen mich nicht mitspielen“,
schreit Sofie.

„Dann musst du mit ihnen reden."
„Das tu ich doch", sagt Sofie.
„Nein, du brüllst und schimpfst."
Sofie blinzelt Frau Heinrich nachdenklich an.
Auf einmal sagt sie ganz leise:

„Die blöden Hornochsen! Die blöden Hornochsen!"

Frau Heinrich schüttelt den Kopf.
„Dadurch wird es auch nicht besser.
Du fluchst noch immer."
Sofie schüttelt den Kopf.
„Nein, das ist geflüchelt. Weil es leise ist."
Frau Heinrich lacht. „Immer hast du Ausreden."

Katja und Olli kommen angerannt.
Sie pusten und sind ganz außer Atem.
„Da sind die beiden ja. Jetzt musst du
nicht mehr schimpfen", sagt Frau Heinrich.
„Aber vielleicht schimpfeln", sagt Sofie.
Ganz schnell hält Frau Heinrich Sofie den Mund zu.

Peter Härtling

Peter Härtling
„Sofie macht Geschichten"

Ich bin der Niki

Ich bin der Niki.
Ich spiele gern Fußball.
Mal mit dem Ball, mal mit dem Stein.
Das ist mein rechter Schuh.
Aber ich helfe auch abtrocknen.

Wenn ich zur Schule gehe,
muss ich über die breite Straße.
Dort fahren Autos, Busse und Motorräder.

Es gibt an dieser Straße eine Ampel.
Wenn die Ampel rot leuchtet,
denke ich an eine rote Feuerwehr
und bleibe stehen.

Wenn die Ampel grün leuchtet,
fällt mir die Tanne im Park ein.
Ich warte, bis die Straße frei ist,
dann gehe ich über die Straße.

Heute ist die Ampel kaputt.
Da hat es keinen Zweck an die Feuerwehr
und die Tanne zu denken.
Ich warte, bis kein Auto, kein Bus
und kein Motorrad mehr kommen.

Peter Abraham (bearbeitet)

Sie steht an der Straßenkreuzung,
hat drei Augen im Gesicht,
jeder muss sich nach ihr richten,
nur das Flugzeug braucht es nicht.

Gottfried Herold

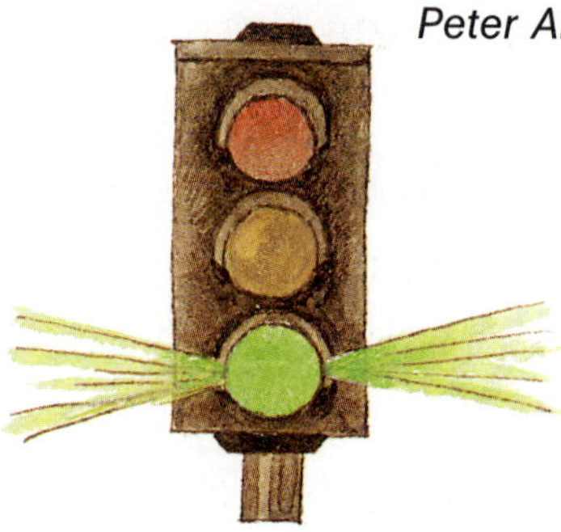

Familiengeschichten

Steckbrief

Mein Name ist Pfiff
und ich bin ein Bücherwurm. Das heißt,
dass ich gern und viel lese. In meiner Familie
gibt es viele Bücherwürmer. Dazu gehören:
mein Vater, der Lexikonwurm,
mein Bruder, der Märchenbücherwurm,
meine Mutter, der Liederbücherwurm,
und meine Schwester, der Bilderbücherwurm.
Ich bin mal lang, mal kurz –
wie die Geschichten in den Büchern.
Meine Augenfarbe ist bunt wie die Welt.
Meine Lieblingsspeise ist Lesefutter.
Meine Lieblingsbeschäftigung ist es,
mich durch Bücher hin-durch-zu-fres-sen.

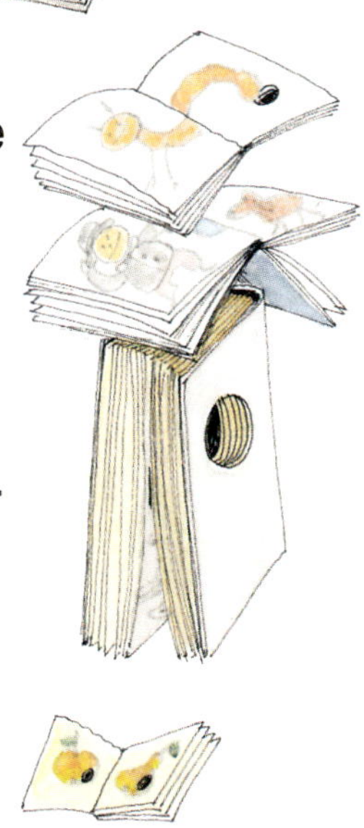

Familien-Album

Anna hat sich ein Familien-Album angelegt:

Tim hat es so gemacht:

Nina hat so angefangen:

Lieblings-Bücher

Du kannst auch Lieblings-Bücher machen:

Auf die Rückseite kannst du schreiben und malen, was du nicht magst.

Nikl zieht sich an

Die Mutter sagt: „Nikl, geh schlafen!“
„Gleich, Mama, gleich. Ich muss nur
noch das Haus fertig machen.“
„Nikl! Schlafen gehen!“
„Gleich, Mama, gleich. Ich muss nur
noch ein Dach aufs Haus setzen.“
„Nikl, du sollst schlafen gehen!“
„Gleich, Mama, gleich. Ich muss noch
eine Fahne aufs Dach stecken.“

Endlich ist Nikl schlafen gegangen.
Es ist schon recht spät gewesen.
Am nächsten Morgen ruft die Mutter:
„Nikl! Aufstehen!“
Uah! Nikl setzt sich auf den Bettrand,
lässt die Augen zu und zieht sich an.
Er zieht das Hemd an,
er zieht die Hose an,
er zieht die Jacke an.
Dann blinzelt er ein wenig
und geht mit bloßen Füßen
die Treppe hinunter.
Aber die Hose will heute nicht halten.
Immerfort rutscht sie über die Knie.
Nikl kommt zur Mutter.
„Ich bin schon da!“, sagte er
und reibt sich
die verschlafenen Augen.

„Nikl!“, ruft die Mutter
und schlägt die Hände zusammen.
„Nikl! Wie hast du dich angezogen?
Statt der Hose die Jacke,
statt der Jacke die Hose!
Und das Hemd ist verkehrt!
Oh, Nikl! Du bist eine rechte
Schlafmütze!“

Hilde Leiter

Fritzens ganze Familie

Ich heiße Fritz,
Unser Hund heißt Spitz,
Miezevater unser Kater.
Papa heißt Papa;
Mama heißt Mama;
Meine Schwester heißt Ottilie:
Das ist unsere ganze Familie.
Wir hätten gern noch eine Kuh
Und ein Pferd dazu.

Emil Weber

Es waren einmal eine Mama und ein Papa

Morgens zum Beispiel wollten sie
nicht aufstehen
und nicht die Pantoffeln anziehen
und nicht ihre Zähne putzen
und nicht in die Küche gehen
und nicht das Frühstück machen.

Sie wollten liegen bleiben
und sich räkeln oder Bücher lesen
oder Höhlen unter der Bettdecke bauen
oder schlafen, schlafen, schlafen,
Stunde um Stunde,
den lieben langen Tag.

Also mussten Tim und Pella sie
aus dem Bett treiben,
ihnen die Pantoffeln an die Füße zerren,
jeder auf eine Leiter klettern
und Mama und Papa die Zähne putzen
und sie dann in die Küche schleppen,
damit es überhaupt was
zum Frühstück gab.
Uff, das war eine Arbeit!

Siv Widerberg

Siv Widerberg
„Es waren einmal
eine Mama
und ein Papa"

Die Sonntagmorgenmeise

Die Meise hat aufs Dach gepickt.
So?
Die Meise hat mich wachgepickt.
Und dann?
Dann habe ich mich wachgeblickt.
Und nun?
Nun bin ich hier.
Was wirst du tun?
Darf ich ins Bett zu dir?

Reiner Kunze

Erwachsene dürfen wohl alles?

Tüftelchen steht im Badezimmer und lässt warmes Wasser über die lange Hose laufen. Das Mädchen ist von oben bis unten mit Dreck bespritzt. Tüftelchen trägt Tränenspuren im Gesicht. Die Mutter hat die schmutzige Hose gesehen und losgeschimpft ohne zu fragen, woher die Schlammspritzer sind. Mutter zankt selten, deshalb war das Mädchen so erschrocken. Ob es Ärger gegeben hat in der Bibliothek, wo Mutter arbeitet?
Tüftelchen reibt den Schmutz von den Hosenbeinen. Mutter kommt dazu und fragt: „Wie konntest du dich bloß so schmutzig machen?"
Tüftelchen antwortet: „Erwachsene dürfen wohl alles; Kinder bespritzen, auslachen, beschimpfen ..."
„Wie meinst du das?", will die Mutter wissen.
„Na ja", sagt Tüftelchen, „der Autofahrer bespritzt mich, lacht mich noch aus und du schimpfst."

Werner Lindemann

Rabengeschichte

Es waren einmal fünf Rabenkinder,
die hatten einen Rabenvater
und eine Rabenmutter.

Sie waren eine glückliche Familie.

Georg Bydlinski

Wir nennen Menscheneltern, die ihre Kinder nicht lieb haben und schlecht versorgen, „Rabeneltern“. Die wirklichen Raben sind aber meistens sehr gute Eltern für ihre Rabenkinder.

Beim Heulen zu sagen

Ich bin so u-hu-hunglücklich
und weine, weil ich wa-ha-hein!
Und ka-ha-heiner so-holl mich
jetzt trösten, na-ha-hei-hi-hin!!!
Ich will – buhu! –
ich will – hawu! –
will bö-hö-hö-hös sa-ha-hein!

Ich bin so u-hu-hunglücklich,
weiß selber nicht waru-hu-hum!
Ich gla-hu-hub, heut nehm' i-hich
das ganze Leben kru-hu-humm!
Mein Kum-huhu!-mer ist – hawu! –
mir selber bald zu du-hu-humm!

Michael Ende

Es war ein kleiner Junge[1]

Es war ein kleiner Junge,
Der war ein nettes Kind,
Der war mal brav, mal böse,
So wie halt Jungen sind.

Der hatte blonde Haare,
Die waren nie gekämmt,
Und eine rote Hose
Und ein gestreiftes Hemd.

Und eine kleine Nase
Und einen großen Mund
Und manchmal fuhr er Roller
Und hatte einen Hund.

Er war mal brav, mal böse,
So wie halt Jungen sind.
Und seine Mama sagte,
Auch wenn sie niemand fragte:
Er ist ein nettes Kind.

[1] Bub

Peter Hacks

Mini hat Moritz trotzdem lieb

Die Mini Zipfel ist acht Jahre alt. Sie hat rote Haare und auf der Nasenspitze drei Sommersprossen.
Die Mama, der Papa und die Oma rufen sie Mini.
Nur ihr Bruder, der Moritz, nennt sie „Bohnenstange“ oder „lange Latte“.
Weil die Mini sehr groß ist. Und sehr dünn. Genauso groß wie der Moritz ist sie, obwohl der um zwei Jahre älter ist.
Der Moritz meint, eine „kleine Schwester“ sollte auch wirklich kleiner sein! Er ärgert sich sehr, wenn fremde Leute fragen:

Die Mini kränkt sich ziemlich, wenn der Moritz zu ihr „Bohnenstange“ oder „lange Latte“ sagt. Da nützt es auch nichts, wenn die Mama und der Papa sagen: „Er meint es nicht böse. In Wirklichkeit hat er dich sehr lieb!“

Die Mini nickt dann brav, aber sie denkt sich: Das glauben die zwei bloß. Weil sie es glauben wollen. Wenn man jemanden lieb hat, ist man auch lieb zu ihm! Die Mini ist immer lieb zum Moritz. Und der Moritz hält das für selbstverständlich.
Ärgert er sich über wen, schimpft er sich bei der Mini allen Ärger von der Seele. Braucht er Geld, borgt er es sich von der Mini. Ist er traurig, lässt er sich von der Mini trösten. Ist ihm langweilig, muss die Mini mit ihm spielen. Ist er zu faul, sich ein Butterbrot zu schmieren, tut es die Mini für ihn. Sogar seine Schuhe putzt sie.
Die Maxi, die Freundin der Mini, sagt: „So dumm wie du, wäre ich nicht.“
Auch Minis Oma sagt oft: „Mini, du bist viel zu gutmütig für den Moritz!“
Die Mini sagt dann: „Ich habe ihn eben sehr lieb!“

Christine Nöstlinger

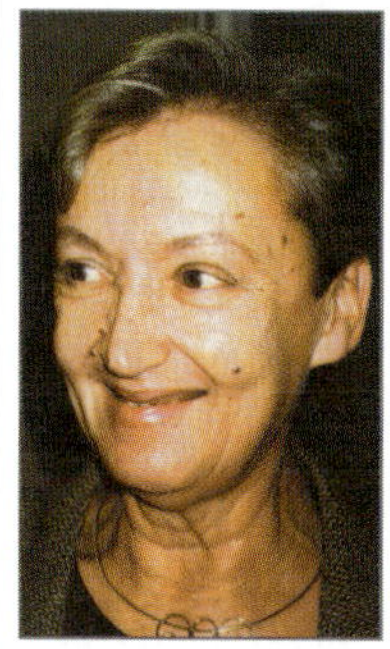

Die Bücher von Christine Nöstlinger erzählen von Problemen und Erlebnissen von Kindern. Dabei sind sie auch noch lustig.

Was Mini alles so erlebt, kannst du in den MINI-Büchern von Christine Nöstlinger nachlesen.

Zehn in einem Bett

Dies ist ein altes englisches Gedicht. Du kannst es nachsprechen und, wenn du dir die Zeichnungen genau anschaust, dazu mit den Fingern die gezeichneten Bewegungen machen.

Zehn lagen tief in den Kissen, da ließ der Kleinste wissen:
„Alle Mann umdrehn!“
Alle drehten sich um und einer fiel raus.

Neun lagen tief in den Kissen, da ließ der Kleinste wissen:
„Alle Mann umdrehn!“
Alle drehten sich um und einer fiel raus.

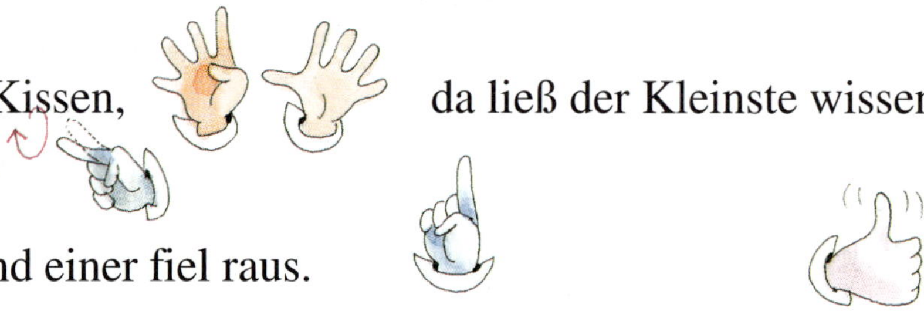

Acht lagen tief in den Kissen, da ließ der Kleinste wissen:
„Alle Mann umdrehn!“
Alle drehten sich um und einer fiel raus.

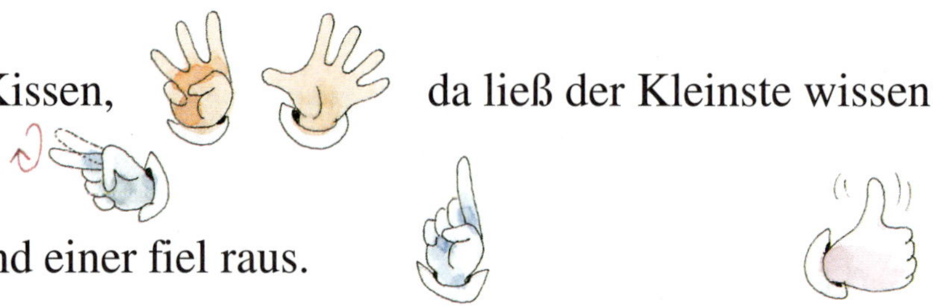

Sieben lagen tief in den Kissen, da ließ der Kleinste wissen:
„Alle Mann umdrehn!“
Alle drehten sich um und einer fiel raus.

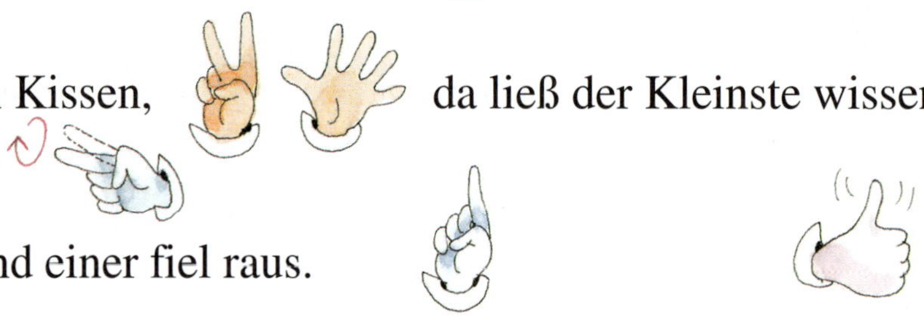

. . .

Noch einer lag jetzt tief im Kissen, da ließ der Kleinste wissen:
„Gute Nacht!“

Du und ich und wir

Jeder Zeit

Komm mich mal besuchen,
ich back dir einen Kuchen,
ich zeig dir meinen Leberfleck
und puste deine Sorgen weg.

So wie du bist,
lass ich dich sein,
und klopfst du an,
lass ich dich ein.

Jürgen Spohn

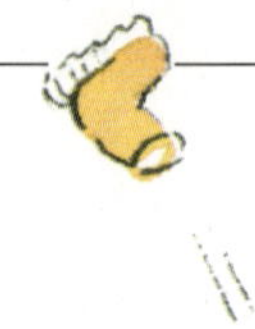

Jakob will gut sein

„Pass auf“, sagt Jakob zu seiner Oma. „Heute will ich gut sein und dir Freude machen.“

Jakob geht in die Schule. In der Garderobe zieht er seine Stiefel aus und die Hausschuhe an. Er stellt die Stiefel ordentlich nebeneinander unter die Bank. Auch Susi zieht ihre Hausschuhe an. Sie schleudert ihre Stiefel herüber, genau auf Jakobs Stiefel. „Tor!“, ruft Susi.

Jakob nimmt Susis Stiefel und stellt sie unter die Bank. „Lass das!“, ruft Susi. „Was gehen dich meine Stiefel an?“

Jakob denkt: „Die Susi ist eine blöde Kuh. Aber ich sag’s ihr nicht.“

In der Rechenstunde borgt sich Katharina von Jakob einen Bleistift. Sie gibt ihn bald wieder zurück, aber mit abgebrochener Spitze. Jakob spitzt den Bleistift. „Kathi ist furchtbar schlampig“, denkt Jakob. „Aber ich schimpfe nicht mit ihr.“

In der Pause schielt Toni auf Jakobs Krapfen. Jakob teilt den Krapfen in zwei Hälften. „Magst du, Toni?“ Toni nimmt die Krapfenhälfte, in der die Marmelade ist. Jakob isst die Hälfte ohne Marmelade.

Nach der Schule gibt es auf der Straße eine Schneeballschlacht. Ein Schneeball trifft Jakob mitten im Gesicht. Die Kinder lachen. Jakob lacht mit und wischt sich den Schnee aus den Augen. „Das war ein Volltreffer“, sagt er.

„Also mir“, sagt Susi, „also mir sind Buben, die sich wehren, lieber.“ Jakob hört zu lachen auf. Er sagt der Susi, dass sie eine blöde Kuh ist. Er gibt dem Toni einen Stoß, dass er in den nächsten Schneehaufen fällt.

Er schwört der Katharina, dass er ihr nie mehr im Leben etwas borgen wird. Dann geht er heim. Er ist auf alle böse, auf die Susi, auf die Kathi, auf den Toni und auf sich selber. Er geht zu seiner Oma und beklagt sich. „Es ist wirklich schwer, gut zu sein und jemandem Freude zu machen“, sagt er. „Ich habe mich bemüht und bemüht, und zum Schluss hab ich alles verpatzt.“
„Gut sein lernt man nicht so schnell“, sagt die Oma. „Man muss es üben.“
„Hast du es auch erst üben müssen?“, fragt Jakob.
„Ich übe immer noch“, sagt die Oma.
„Jeden Tag von neuem.“

nach Lene Mayer-Skumanz

Wenn Anna Angst hat ...

Wenn Anna Angst hat, ruft sie Freunde, die sie beschützen.
Sie ruft den riesigen Riesen, der niemals schläft.
Sie ruft die 33 Ritter, die in Nussschalen wohnen.
Sie ruft den grünen Drehdrachen, der alle schwindlig dreht.
Sie ruft die fliegende Feder, die alle in die Flucht kitzelt.
Sie ruft den großen Magnetberg, der alle in seine Höhle zieht.
Sie ruft den Gespenstermaler, der die weißen Gespenster bunt anmalt.
Sie ruft die Glückskatze, die alle zufrieden schnurrt.
Sie ruft den Lichtvogel, der mit einem Flügelschlag Licht macht.
Sie ruft den rauschenden Wasserfall, der ihr Gesicht kühlt.
Sie ruft den Schmuselöwen, der alle in den Schlaf gähnt.
Sie ruft sich selber und sagt laut: „Anna hat gar keine Angst."
Dann schläft Anna. Und alle ihre Freunde schlafen auch.
Bis auf den riesigen Riesen. Der passt auf.

Heinz Janisch

Angst

„Die Äpfel sind reif“, sagt Franz.
„Au ja, lass uns Äpfel stehlen!“, ruft Anne.
„Die beim Bauern, die schmecken am besten!“
Sie steigen vorsichtig über einen Zaun.
Franz klettert auf einen Apfelbaum und
schüttelt den Ast. Anne klaubt die Äpfel auf.
Plötzlich kommt ein Traktor den Feldweg
entlang gerattert. Der Bauer!
Anne lässt die Äpfel fallen und rennt los.
Dornenbüsche zerkratzen ihr die Hände,
aber sie bemerkt den Schmerz kaum.
Sie läuft in das kleine Wäldchen.
Als das Seitenstechen zu stark wird,
wirft sie sich hinter ein Gebüsch auf den
Boden.
Sie riecht die modrige Walderde.
Sie hat Angst. Wenn das die Eltern
erfahren! Der Bauer hat Franz erwischt.
Anne kann hören, wie er laut heult.
„Bitte, lieber Gott“, bittet Anne,
„mach, dass Franz nicht petzt.“
Sie schwitzt und friert gleichzeitig.
Nach einer Weile wagt sie sich
aus ihrem Versteck. Niemand
zu sehen. Sie geht nach Hause.
Seitdem, immer wenn Anne
Angst bekommt, steigt ihr
der Geruch nach modriger
Walderde in die Nase.

Sara Krüger (bearbeitet)

Wann wird der Batman endlich zimmerrein?

„Du Regine, der Batman winselt, geh Gassi mit ihm."
„War ich schon vor der Schule – jetzt bin ich bei den Hausaufgaben. Geh du mit ihm, Fredi."
„Wieso ich? In zehn Minuten muss ich zur Klavierstunde. Sag dem Hannes, dass er gehen soll."
„Das würde euch so passen", mault Hannes. „Immer die Kleinsten! Und ausgerechnet, wenn ein Trickfilm im Fernsehen ist! Sag es doch dem Opa, der geht so gern spazieren."
„He!", ruft der Großvater aus dem Badezimmer. „Darf ich nie in Ruhe ein Fußbad nehmen? Und wem gehört der Batman eigentlich? Euch oder mir? Ich geh abends mit ihm um den Häuserblock, damit basta."
Batman ist ein junger Hund. Hätte er Flügel, wäre er längst durchs Fenster geflogen. So aber hockt er im Vorzimmer und pfeift durch die Nase, wobei er flehend auf die Türklinke starrt.

Hannes will nur noch den Schluss des Trickfilmes sehen.
Fredi kommt nie ganz pünktlich zur Klavierstunde, aber heute möchte er nicht wieder zu spät kommen. Der Großvater wäre am ehesten bereit, den Batman vors Haus zu führen, doch er hat die Füße im Wasser.
Niemand hat Zeit für ihn und seine Not.
Regine wird mit ihm hinuntergehen, sobald sie mit den Aufgaben fertig ist.
Als die Mutter vom Geschäft heimkommt, sieht sie sofort die kleine Lacke neben dem Schirmständer. „Du meine Güte“, seufzt sie, „wann wird der Batman endlich zimmerrein?“

Vera Ferra-Mikura

Gute Freunde

Er läuft mit mir,
Er springt mit mir,
Treibt's manchmal auch recht bunt.
Er ist das allerschönste Tier,
Es ist mein kleiner Hund.

Fisher-Price

Weinen und Lachen

In einer Schüssel lagen
eine Karotte und zwei Mandarinen,
eine Banane und vier Rosinen.
Ein Weinen war das, ein Klagen,
nicht zu ertragen!

Was ist da zu tun?
Was machen wir?
Die vier Rosinen verspeisen wir.
Die Banane legen wir so.
Ja du, jetzt schaust du froh!

Josef Guggenmos

Wie fühlt sich wohl unser Pfiff
auf den verschiedenen Bildern?

Auch du kannst Gefühle ausdrücken.
Versuche traurig, freudig, wütend oder ängstlich auszusehen.
Schau in den Spiegel und beobachte,
wie dein Gesicht sich verändert.

- □ Stell dir vor, du bist ein Seiltänzer!
  Versuche es vorzuspielen!
  Wenn du dabei nicht sprichst, nennt man das Pantomime.

- □ Stell dir vor, du kannst deine Mathematikaufgabe nicht lösen!
- □ Stell dir vor, du hast dich in den Finger geschnitten!
- □ Stell dir vor, du findest einen 100-€-Schein!

Spaß macht es, wenn die anderen erraten, was du darstellst.
Ihr könnt auch Ideenkarten anfertigen und sie verteilen.

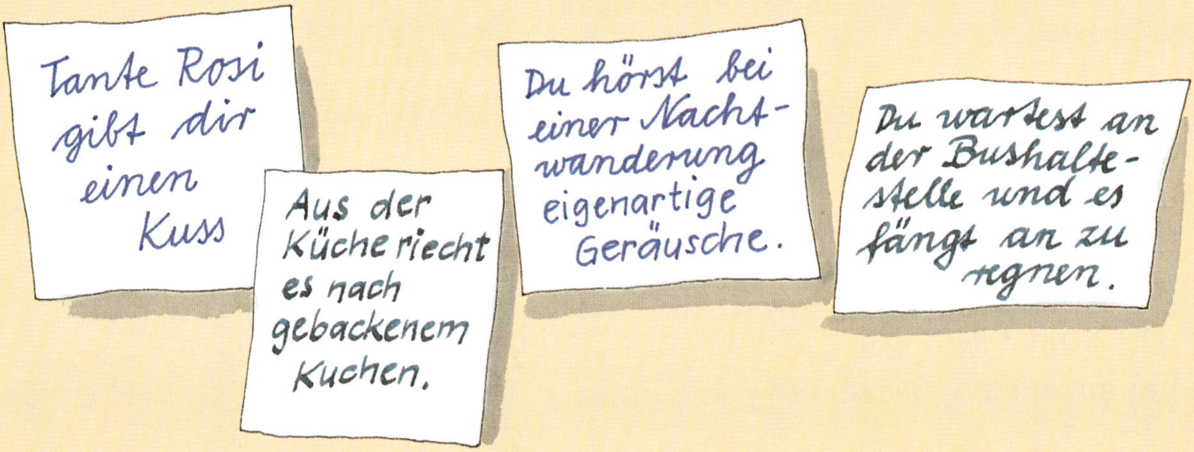

Lutz und Lene oder: Weil du ein Mädchen bist

Lutz und Lene lassen ihre Schiffchen im Planschbecken schwimmen. „Wenn ich groß bin“, sagt Lutz, „werde ich Matrose. Oder Steuermann. Das kannst du nicht.“
„Warum nicht?“, fragt Lene.
„Oder Kapitän“, sagt Lutz. „Das kannst du erst recht nicht. Weil du ein Mädchen bist.“

„Kann ich doch!“, sagt Lene.
„Kannst du nicht!“, sagt Lutz. „Hast du schon einmal eine Matrosin gesehen? Oder eine Steuermännin? Und eine Kapitänin erst recht nicht!“
„Aber wenn ich es lerne?“, fragt Lene. „Ein Schiff putzen wie die Matrosen kann ich auch. In einer Hängematte schlafen wie die Matrosen, das kann ich auch. Und durchs Fernrohr gucken wie der Kapitän und das Steuerrad drehen wie der Steuermann – das kann ich auch.“

„Nein!“, sagt Lutz.
„Doch!“, sagt Lene. „Wenn ich es lerne, kann ich alles.“
Lutz denkt nach.
„Aber Feuerwehrmann werden – das kannst du nicht!“
„Doch!“, sagt Lene. „Wenn ich es lerne . . .“
„Hahaha!“, lacht Lutz. „Die Lene wird Feuerwehrfrau!“
Er lacht, als ob er noch nie etwas so Komisches gehört hat.
Er hält sich den Bauch vor Lachen.

Lene wird wütend.
„Ich kann etwas, was du nicht kannst“, sagt sie.
„Was denn?“, fragt Lutz.
„Du kannst kein Baby kriegen, nie! Und du kannst es nicht bei dir trinken lassen. Nie!“

Lutz ist still.
Er gibt seinem Schiffchen einen Stoß, dass es fast umkippt.
Er denkt nach.
„Trinken lassen kann ich es auch!“, sagt er. „Aus der Flasche. Und wickeln kann ich es. Und baden. Und füttern und spazieren fahren.“
„Nur, wenn ich es erlaube“, sagt Lene.
„Wieso erlauben? Das ist doch dann auch mein Baby!“, ruft Lutz.
„Aber meins mehr“, sagt Lene. „Weil ich es die ganze Zeit in meinem Bauch herumtrage, bis es auf die Welt kommt.“

Lutz sieht Lene an.
Dann schaut er ins Wasser.
Mit dem Bauch – das stimmt.
„Aber wenn's dann da ist, dann können wir doch alles zusammen machen. Baden und füttern und wickeln . . .“, sagt Lutz.
„. . . und spazieren fahren im Kinderwagen“, sagt Lene.
„. . . und überhaupt alles“, sagt Lutz.

Mira Lobe/Renate Welsh

Kerli

Jans erster Freund hier ist Kerli und Kerli
weiß schon fast alles über Jan:
wie er mit seinen Eltern aus Rumänien geflohen ist,
wie er in diese Stadt gekommen ist
und warum Jan eine fremde Sprache spricht.
Das alles hat Jan Kerli erzählt und der
hat es gut verstanden, trotz der fremden Sprache.
Kerli ist nämlich ein Hund, ein zotteliger,
gemütlicher Hirtenhund, den alle im Stadtviertel
kennen und mögen.
Kerli macht seine Spaziergänge immer alleine.
Jeden Tag trottet er durch die Talstraße
über den Markt zum Spielplatz.
Dort findet er meist jemanden zum Spielen.
Kerli spielt nämlich schrecklich gerne Ball
und am liebsten natürlich mit Kindern.
Jan spielt auch gerne Ball
und am liebsten natürlich auch mit Kindern
und am allerliebsten würde er mit Kerli und
den Kindern hier auf dem Spielplatz Ball spielen.
Ja, das würde er am allerliebsten tun,
aber er traut sich nicht.

„Ich spreche so schlecht deutsch“, erklärt er Kerli,
„und dann sagen sie bestimmt
‘dummer Ausländer’ zu mir …“
So sitzt Jan alleine auf der Mauer hinter dem Spielplatz,
sieht den anderen Kindern beim Spielen zu
und ist traurig.
Und wenn Kerli vom Ballspielen müde ist,
legt er sich zu Jan und leistet ihm Gesellschaft
beim Traurigsein.
„Weißt du, Kerli“, sagt Jan, „eigentlich verstehe ich alles,
denn meine Großeltern haben daheim
immer deutsch gesprochen.
Wenn ich es doch nur auch sprechen könnte …!
Wenigstens du verstehst mich – und dabei
kannst du ja auch nicht sprechen. Komisch, nicht?“
Ja, das ist komisch.
Kerli sieht Jan mit großen Augen an
und da muss Jan doch lachen.
So geht das eine ganze Weile.
Jan wohnt nun schon drei Wochen hier
und noch immer sieht er den Kindern beim Spielen zu.
Und dabei würde er so gerne mitspielen!

Jan seufzt. ‘Ach, wenn ich doch nur …’, denkt er.
Doch was ist das? Da kommt ja Kerli angesaust!
Er hat den Ball im Maul.
„Kerli“, schreien die Kinder. „Kerliii! Komm zurück!“
Kerli denkt gar nicht daran.
Wie der Blitz rast er zu Jan. „Kerliiii!!!“
„Ja, Kerli“, sagt Jan, „hörst du sie nicht rufen?
Los, lauf zurück! Bring ihnen den Ball!“
Kerli sieht Jan mit großen Augen an.

Dann lässt er den Ball fallen, genau vor Jans Füße.
„Hmmm!“ Unentschlossen sieht Jan auf den Ball.
Ob er …?
Da läuft Kerli auch schon ein paar Meter zurück,
dreht sich um und sieht Jan an, als wolle er sagen:
‘Los, wirf doch!’
„Los, wirf doch!“, ruft da eines der Kinder
vom Spielplatz.
Jan zögert. Ob die ihn meinen?
„Na, los!“, ruft es schon wieder.
„Oder magst du nicht mitspielen?“
Jan sieht noch einmal zu den Kindern,
die da stehen und warten, auf ihn, auf sein Spiel!
„Ja“, ruft er dann zurück, „aber jaaaaa!!!“
Er nimmt den Ball und wirft ihn, so weit er kann,
den Kindern zu.
Kerli saust wie eine Rakete hinterher.
„Guter Wurf“, ruft eines der Kinder und schon
kommt der Ball – und Kerli hinterher – wieder
zu Jan zurück. Schnell gibt Jan ab und auch Kerli
rast wieder los, dem Ball hinterher, zum Spielplatz,
und Jan folgt ihm mit klopfendem Herzen.

Elke Bräunling

Kemal

Kemal, mein Freund,
das ist einer!
Was der kann,
kann keiner.
Deutsch spricht er nicht viel.
Aber beim Fußballspiel.
Linksaußen.
Rechtsaußen.
Torwart, o Mann!
Es gibt keinen,
der das kann:
Kemal spricht
mit den Beinen.

Lisa-Marie Blum

Liebe

Wir haben eine Neue in der Klasse.
Manchmal lacht sie mich so an.
Dann wird mir immer ganz komisch.
Aber das Komische ist schön.
Es kribbelt überall
und meine Ohren werden ganz warm.
Sie lacht wunderbar.
Ihr ganzes Gesicht lacht.
Der Mund lacht, die Augen lachen,
die Grübchen lachen.
Sogar die Nase lacht ein bisschen.
Jetzt kann ich sogar unseren Lehrer leiden.
Ich möchte nur wissen, woher das kommt.

Wolfgang Fischbach

Ein Gespenst

hat an die Wand
geschrieben:

Ruth und Peter
lieben sich.

Ihr ärgert euch?
Seid doch gescheit!
Das Gespenst heißt:

NEID.

Walter Petri

Stefan

Stefan sitzt in der Schule neben Melanie.
Alle anderen Buben sitzen neben Buben.
Nur Stefan sitzt neben einem Mädchen.
Er sitzt gern neben Melanie.
Die Buben hänseln sie. Auch die Mädchen hänseln sie.
Sie sagen: „Stefan ist verliebt in Melanie!“
Oder: „Melanie ist verliebt in Stefan.“
Stefan wird rot und auch Melanie wird rot.
Sie getrauen sich gar nicht mehr miteinander zu sprechen.
Am liebsten möchte Stefan nicht mehr neben Melanie sitzen, obwohl er sie mag.
„Woher wissen die, dass ich in Melanie verliebt bin“, denkt Stefan.
Er selbst weiß nicht, ob er verliebt ist.
Er weiß überhaupt nicht, wie Verliebtsein ist.
Er fragt seine Mutter: „Wie ist das, wenn man verliebt ist?“
„Es kribbelt im Bauch und rumort in der Herzgegend herum“, sagt sie.
„Mich sticht es in die Seite“, sagt Stefan.
„Das kommt nicht von der Liebe, das kommt vom Fußballspielen“, sagt die Mutter.
„Diese Dummköpfe“, denkt Stefan, „ich bin doch gar nicht verliebt in Melanie! Ich mag sie! Und fertig!“

Karin Gündisch
(bearbeitet)

Feste feiern

Willst du wissen, wann
man Feste feiern kann?

Wenn der Schnupfen vorbei ist,
wenn es März oder Mai ist,
wenn das Wurstbrot gut schmeckt,
wenn man Käfer entdeckt,
wenn das Radio tobt,
wenn der Lehrer dich lobt,
wenn die Drachenschnur hält,
wenn die Schule entfällt,
auch am Geburtstag von Katze und Hund –
und aus jedem anderen Grund!

Georg Bydlinski

Gesund bleiben – sich wohl fühlen

Ich freu mich

Ich freu mich, dass ich Augen hab,
die alles ringsum sehn.
Freu mich, dass ich Füße hab,
wohin ich will zu gehn.
Freu mich über meine Ohren,
dass ich die Vögel hören kann –
und zieht der Kuchenduft ins Zimmer,
wie freut mich meine Nase dann.

Die Hände greifen, was ich will,
die Finger halten selten still –
und meine Haare kitzeln mich
und was der Kopf denkt, spreche ich.

Lutz Rathenow

Das neue Spiel

Lirum, larum, Löffelstiel!
Passt auf, ich weiß ein neues Spiel!

Die Nase –
das ist ein Hase.

Die Ohren –
das sind zwei Mohren.

Das Kinn –
da wollen sie alle drei hin.

Jetzt fangen sie an zu laufen …
Sie können schon nicht mehr
schnaufen …

Die Nase ist immer vorn,
dahinter laufen die Mohr'n.

Die Augen aber lachen:
Was sind denn das für Sachen!

Was sind denn das für Faxen!
Ihr seid doch angewachsen!

Das wissen wir allein!
So schallt es von den drei'n.

Macht euch doch nicht so groß!
Wir spielen ja doch bloß! –

Lirum, larum, Löffelstiel!
Ei, ist das nicht ein feines Spiel?

Christian Morgenstern

Die Reise in den Kleiderschrank

Bist du schon einmal in den Kleiderschrank gereist? Nun, wenn nicht, dann versuch es doch einfach mal.

Nina jedenfalls hat es ausprobiert. Sie öffnete die Tür, machte einen Schritt in den Schrank hinein und hockte sich dort auf den Boden. Das heißt, dorthin, wo sie zwischen den Kleidern noch einen Platz fand.

Erst passierte gar nichts. Es war dunkel, eng und etwas stickig. Aber dann roch sie plötzlich Muttis Parfüm, das sie so sehr mochte – und auf einmal auch Vatis Zigaretten, ganz schwach nur, aber sie waren da. Und dann fühlte sie, dass sie direkt neben ihrem Wintermantel aus Teddyfell hockte, den sie zu Weihnachten bekommen hatte. Er strich ihr ganz weich über das Gesicht. Und jetzt bemerkte sie direkt daneben ihr weißes Sommerkleid. Ganz leicht, ganz kühl war es und knisterte, wenn sie genau hinhörte.

Rosemarie Beier

Das war knapp!

In der Klasse steht ein wunderschönes Sofa. Leider können die anderen im Moment nicht darauf sitzen, weil Elena darauf liegt: mit aufgeschundenen Knien, die Füße hochgelagert.
Neben ihr sitzen die Frau Lehrerin und Elenas Mutter. Elena ist ganz weiß im Gesicht und zittert.
„Sie hat einen Schock“, sagt die Lehrerin.
„Wie ist denn das passiert?“, will die Mutter wissen. Elena stottert: „Meine Freundin, die Nici, hab ich doch die ganzen Ferien nicht gesehen. Als ich aus dem Bus gestiegen bin, hat die Nici schon auf der anderen Straßenseite gewinkt und gerufen. Da wollte ich schnell zu ihr hinüber . . .“
Elena beginnt zu schluchzen. „Wirklich, Mama, ich wollte vor dem Bus auf dem Zebrastreifen über die Straße, so wie es sich gehört. Ich habe auch bestimmt nach links und nach rechts geschaut. Ehrlich, das musst du mir glauben!“
„Ja, ich glaub dir schon“, versucht Frau Hanf ihre Tochter zu beruhigen. Elena zittert noch immer.

Als Elena auf den Zebrastreifen trat, wollte der Busfahrer aus der Station fahren. Da sah er plötzlich das Mädchen, das die Straße überqueren wollte.
„Der Busfahrer hat sofort gebremst. Er hat mich auch nicht angefahren. Aber ich bin gestolpert und hingefallen", weint Elena.
„Er hat sie angebrüllt und gefragt, ob sie keine Augen im Kopf hat", mischt sich Nici von hinten ein.
Die Lehrerin und die Mutter drehen sich um. „Na ja, der Busfahrer hat sicher genauso einen Schreck bekommen wie Elena", meint die Lehrerin.
„Er ist gleich ausgestiegen und hat Elena beim Aufstehen geholfen", erzählt Nici weiter.
„Ich habe Elena hierher gebracht", erklärt sie stolz.
„Und ich werde sie jetzt heimbringen", sagt die Mutter.

Monika Auböck

Tipps

- Beim Überqueren der Straße achte auf ausparkende Autos.
- Wenn du die Straße vor einem Auto, das steht, überqueren willst, versuche den Fahrer anzuschauen. Nur so erkennt er, was du vorhast.
- Überquere nie zwischen parkenden Fahrzeugen die Fahrbahn. Der Fahrer eines herankommenden Autos kann dich so nicht rechtzeitig sehen.

Ein angenehmer Hausarrest

Die einzige Krankheit, die der Franz
gerecht und gar nicht gemein fand,
war der Scharlach. Den bekam nicht er,
den bekam sein Bruder, der Josef.
Aber der Arzt sagte, der Franz könnte sich
auch schon mit Scharlach
angesteckt haben.
„Tut mir Leid“, sagte er zum Franz. „Für dich
gibt es jetzt drei Wochen Hausarrest.
Sonst steckst du noch andere Kinder an.“
Der Franz bekam den Scharlach nicht
und die drei Wochen wurden wunderschön.
Die Mama nahm sich Urlaub,
um den Josef zu pflegen.
Aber der schlief meistens. So hatte die Mama
jede Menge Zeit für den Franz.
Zum Spielen und Geschichtenerzählen,
zum Liedersingen und zum Schmusen
und zu überhaupt allem,
was der Franz nur wollte.
Jetzt fragt der Franz den Josef oft:
„Wann kriegst du denn endlich wieder Scharlach?“
Hundertmal hat der Josef dem Franz
schon erklärt: „Nie mehr! Scharlach kriegt man
nur einmal im Leben.“
Aber der Franz hofft trotzdem. Schließlich gibt es ja
im Leben auch immer Ausnahmen.

Christine Nöstlinger

Ätsch

Jule wird bald sieben Jahre alt.
Ihr Bruder Simon wird bald neun.

Simon ist einen halben Kopf größer als Jule.
Aber er ist nicht schlauer als sie.

Simon pfeift auf zwei Fingern. Ganz laut.
Jule zuckt zusammen.

„Tja, Jule“, sagt Simon, „so etwas kannst du nicht.
Dafür bist du noch zu klein.“

„Angeber“, sagt Jule und pfeift durch ihre Zahnlücke.
Ganz leise. Ganz schön!

Simon hat keine Zahnlücke mehr. Keine einzige.
„Ätsch!“, sagt Jule. „Dafür bist du zu groß.“

Anne Steinwart

Der Unterschied

A
L
E
X
A
N **O**
D **T**
R **T**
A ist größer als **O**

Angelika Ehret

Wasser ist nass

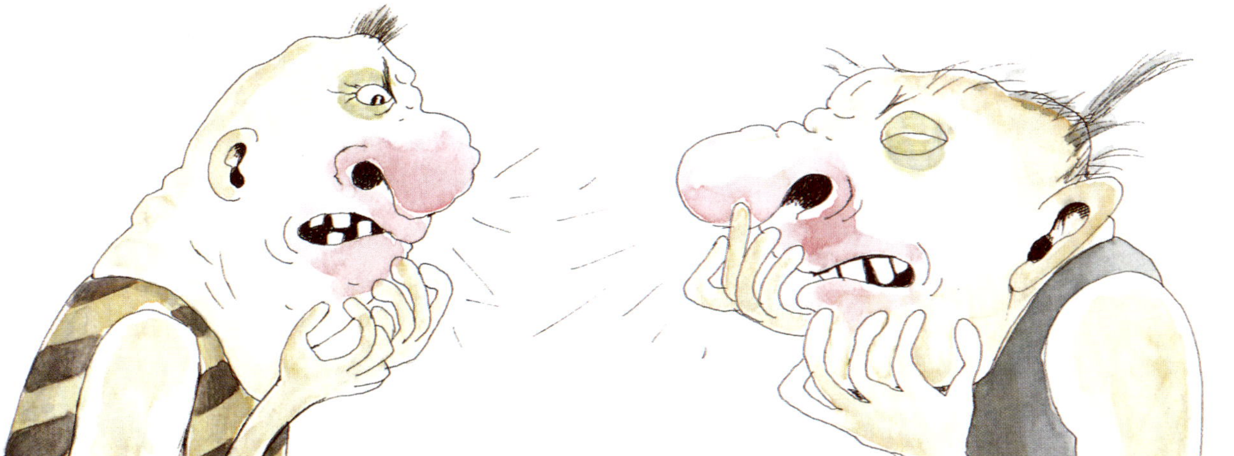

Wenn Riesen niesen

Sieben Riesen,
die mit bloßen Füßen
über nasse Wiesen liefen,
niesten mit ihren Riesennasen so laut,
dass von diesem Riesenniesen
sieben Wieselkinder,
die in tiefen Zimmern schliefen,
aufwachten und „Gsundheit!“ riefen.

Josef Guggenmos

Schnupfengedicht

Komm, kleiner Hase,
ich putz dir die Nase!
Schenk mir deinen Schnupfen –
dann darfst du wieder hupfen.

Friedl Hofbauer/Anna Melach

Die Brummels

Von Hanne Türk
und Norbert Landa

Paul Brummel spielt krank

1. „Pssst! Kasperle ist krank!“, sagt Susi Brummel. „Woher weißt du denn das?“, fragt Paul Brummel.

2. „Weil er so schlapp herumliegt“, sagt Susi.
„Wir müssen ihn wieder gesund machen. Opa Brummel muss uns helfen!“

3. Opa Brummel liest Kasperle eine Geschichte vor. Und noch eine. Und alle bekommen einen Schokokeks. Und noch einen. „Kasperle ist wieder gesund“, sagt Opa. „Jetzt ist Schluss.“

4. Da hat Paul eine Idee.
Er legt sich flach auf den Boden.

5. „Paul ist krank!“, ruft Susi. „Er liegt schlapp herum und sagt gar nichts! Wir müssen ihn wieder gesund machen!“

6. „Soso“, sagt Opa Brummel. „Dann braucht er Ruhe. Wir dürfen nicht mit ihm sprechen. Und ich bringe ihm heißen Tee und Zwieback.“

7. „Ich will aber keinen Zwieback!“, sagt Paul und springt auf. „Siehst du“, ruft Opa Brummel. „Heißer Tee und Zwieback helfen sofort.“

Daniel im Pech

Ich bin Daniel. Eigentlich könnte ich Pechvogel heißen.
Dabei hatte ich mich gestern so auf die Turnstunde gefreut,
endlich mal wieder so richtig austoben!
Und dann war es passiert, abgerutscht von der Sprossenwand.
Mein Arm tat mir furchtbar weh. Muttis Blick beim Abholen auch:
Schon wieder was passiert! Ich bin eben ein richtiger Pechvogel.
Komisch war es schon mit dem Gips, aber zu ertragen.
Viel schlimmer wurde es, als meine Lehrerin den Gipsarm sah.
Sie schmunzelte und meinte: „Da hast du auch noch Pech gehabt,
dass es der rechte Arm ist."
Warum sie dabei schmunzelte?
Weil ich im Unterricht nun trotzdem alles mitschreiben muss.
Ich bin nämlich Linkshänder. Und eben ein richtiger Pechvogel.

Heike Manthey

Fünf Pechvögel

Fünf Pechvögel hocken auf einem Baum
und träumen einen Pechvogeltraum.
Dem ersten tut der Schnabel weh,
dem zweiten zwickt's am großen Zeh,
der dritte hat das Bein gebrochen,
den vierten hat ein Zeck gestochen,
der fünfte wacht auf – und purzelt vom Baum.
Da ist er vorbei, der Pechvogeltraum.

Dorothée Kreusch-Jacob

Bild

Mal ein kleines Dreieck Schwarz
Auf die große Fläche Grün
In der so wie hingestreut
Viele weiße Punkte blühen.

Ist dir das recht gut geglückt
Siehst du, wie auf einem Rasen
Zwischen lauter Gänseblümchen
Ungestört ein Star frühstückt.

Dieter Mucke

Meike ist blind

Der Wecker klingelt.
Wie spät ist es?
Meike öffnet die Augen.
Aber sie kann trotzdem nichts sehen.
Meike ist blind.
Mit den Fingern tastet sie den Wecker ab.
Er hat kein Glas vor dem Zifferblatt.
Das ist nämlich ein Wecker für Blinde.
Meike *fühlt,* wie spät es ist.
Ja. Tatsächlich: Höchste Zeit zum Aufstehen.

Meike geht schon zur Schule.
In eine Schule für Blinde.
Sie schreibt mit einer Maschine.
Die macht Buchstaben zum Fühlen.
Das sind lauter kleine Punkte,
die man mit den Fingern lesen kann.
Diese Blindenschrift heißt Braille,
wie der Mann, der sie erfunden hat.

Meike hat ihre Aufgaben fertig.
Jetzt kann sie tun, was sie möchte.
Ihr Freund spielt.
Und was macht Meike?
Sie hat Lust auf ein Buch.
Jemand hat das Buch auf Band gesprochen.
Meike holt sich den Kassettenrekorder
und hört ihr Buch.

Der Guckkasten
„Blind sein“

ABC für Blinde

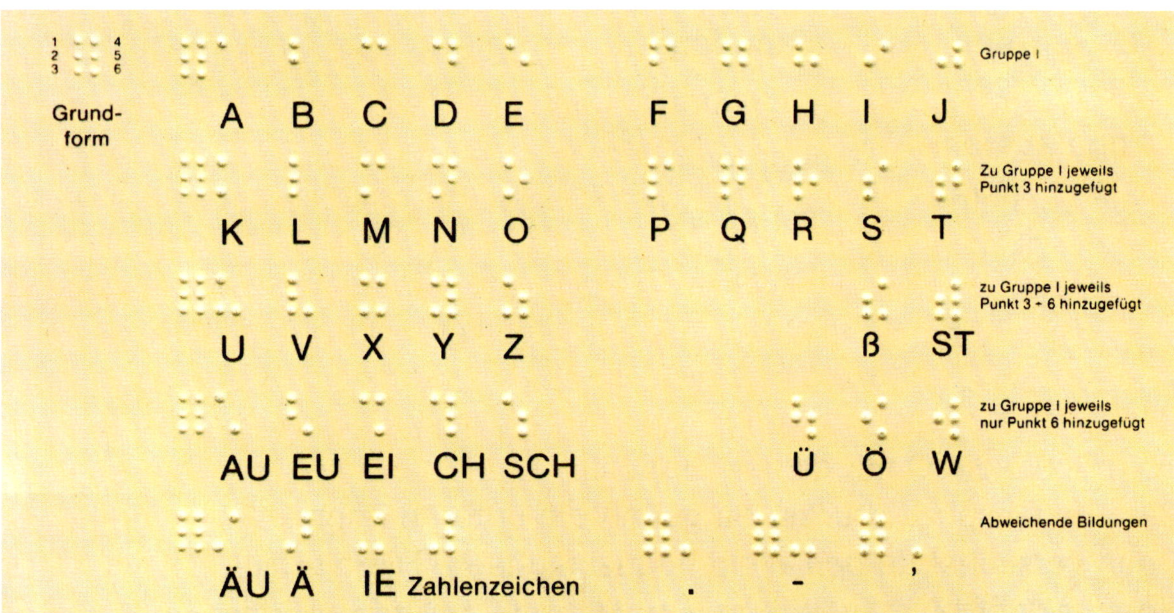

Mit Augen, Ohren, Mund, Nase, Händen und Füßen

Was Hände können

Meine Hand kann Wirbel schlagen.
Meine Hand kann Wasser tragen.
Meine Hand kann Strudel drehen.
Meine Hand kann tauchen gehen.
Meine Hand kann Tropfen spritzen.
Meine Hand kann Furchen ritzen.
Meine Hand kann trocken reiben.
Meine Hand kann Wellen treiben.

Cornelia Nitsch

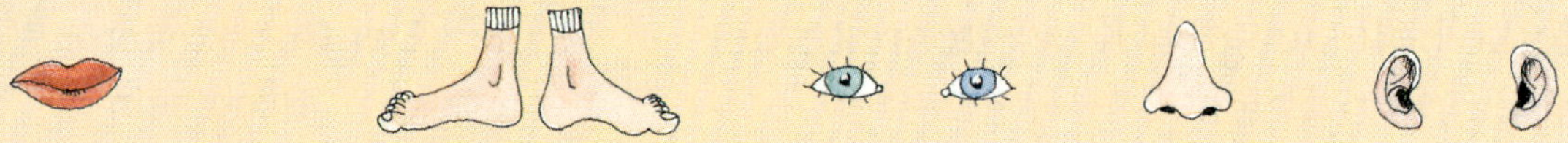

Mein Mund kann	Meine Füße können			
Löwenzahn leer blasen Papa küssen ein Lächeln schenken pfeifen	stampfen schleichen strampeln springen			

Pfeifen geht so:

Du machst ein O mit deinen Lippen.
Die Zungenspitze drückst du gegen die unteren Zähne.
Dann versuchst du den Wind nachzumachen: Fiju-fiju-fiju.
Hats geklappt?

Die Erde ist unser Haus

Bitte

Menschen, liebe Menschen,
lasst die Erde stehn.
Schaut, sie ist so wunder-,
wunder-, wunderschön.

Viktoria Ruika-Franz

Rätsel

Was blüht im Frühling silbergrau,
so weich wie Wuschelkätzchen?
Es schnurrt doch nicht,
es mauzt doch nicht,
hat keine Krallentätzchen?

Die Auflösung findest du auf Seite 164.

Ursula Sturm

Ein grünes Blatt

Ein Blatt aus sommerlichen Tagen,
ich nahm es so im Wandern mit,
auf dass es einst mir möge sagen,
wie laut die Nachtigall geschlagen,
wie grün der Wald, den ich durchschritt.

Theodor Storm

Herbstbaum

Im September hängt
die Eberesche
in ihre Zweige
die rote Wäsche.

Mit Blütenschaum
hat sie gewaschen.
Jetzt kommen Vögel
und naschen.

Der Baum lächelt,
die Blätter schweben.
Für alle reicht es,
die leben.

Axel Schulze

Naturwunder

Im Sommer, wenn die Sonne sticht,
ist er bekleidet, dick und dicht.
Im Winter, wenn die Kälte zwackt,
dann steht der Gute splitternackt.

Die Auflösung findest du auf Seite 164.

Bernd Lunghard

Die zwei Wurzeln

Zwei Tannenwurzeln groß und alt
unterhalten sich im Wald.

Was droben in den Wipfeln rauscht,
das wird hier unten ausgetauscht.

Ein altes Eichhorn sitzt dabei
und strickt wohl Strümpfe für die zwei.

Die eine sagt: knig. Die andre sagt: knag.
Das ist genug für einen Tag.

Christian Morgenstern

Im Wald der verhexten Tiere

Im Wald der NEHÄRKLEBEN
geheimnisvolle NENNIPS weben.
Verschlingen TANIPS tonnenweise
und schleichen durch die NENNAT leise.
Die NESAH fressen grünen Klee.
Der KNIF, der pfeift am Unkensee.
Und klingt das komisch für dein Ohr,
dann lies es mal von hinten vor.

Günther Feustel (bearbeitet)

Nina und der Wald

Nina und der Großvater gehen im Wald spazieren.
Nina schiebt einen Blätterhaufen vor sich her.
Das raschelt so schön. Blätter fliegen ringsum
wie Schmetterlinge. Der Großvater bleibt stehen.
„Horch“, sagt er.
Nina bleibt auch stehen. Sie hört Äste knacken.
Sie hört, wie ein kleines Tier durchs Gestrüpp wuselt.
Sie hört einen Vogel rufen, ganz leise: „Ziwitt!“
Sie hört den Wind in den Blättern rauschen.
Der Großvater legt den Finger auf den Mund.

Nina horcht, so sehr sie kann.
Sie hört in der Ferne Autos sausen.
Sie hört ihren eigenen Atem und den vom Großvater.

„Hörst du die Stille?“, fragt Großvater eine Weile später.
„Nein“, sagt Nina.

Renate Welsh

Ein Bäumchen wie ein Reisig

Ein Bäumchen wie ein Reisig
bracht Opa einst nach Haus.
Er gab ihm gute Erde,
damit es etwas werde.
Da schlug das Bäumchen aus.

Ein Wind wollte es knicken,
rüttelte böse dran.
Der Vater ist gekommen,
hat einen Pfahl genommen.
Die Mutter band es an.

Nun wirft der Baum schon Schatten,
hängt Birnen in den Wind.
He, Wind, jetzt kannst du blasen!
Wir sitzen auf dem Rasen,
spieln Vater, Mutter, Kind.

Günter Saalmann

Das Vogelnest

Stille!
Ein Nest,
ein richtiges Vogelnest!
Und sieh:
drei hellblaue Eier darin
mit gelbbraunen Punkten.

Stille, ganz stille,
dass die Vogelmutter nicht bange wird,
die eben über die Hecke schwirrt.

Ach, gibt das ein Leben,
wenn die drei Jungen ihre Schnäbelchen heben
und zwitschern in den blauen Tag,
was ihr kleines Kehlchen nur zwitschern mag!

Albert Sergel

Vogelnester sind KUNST-werke aus Ästchen, Halmen, Moos, Pflanzenfasern, Federn, Erde … Sie sind in Bäumen, Höhlen, Büschen, im Schilf, auf dem Boden und anderswo zu entdecken.

Das kleine Rasenstück von Albrecht Dürer

VOGELWICKE
RISPENGRAS
WEGERICH
HASENKLEE
QUECKE

WORT-SPIEL-WIESE

Jedes Bild steht für den Namen einer Blume: Bärenfellgras, Fingerhut, Gänseblümchen, Glockenblume, Himmelschlüssel, Königskerze, Löwenzahn, Pantoffelblume, Sonnenhut, Storchschnabel, Tigerstern, Tränendes Herz, Trompetenspinne.
Anna hat sich ein WORT-SPIEL-WIESEN-Büchlein angelegt.

Die Marienkäfer sind da!

„Schau, die ersten Marienkäfer sind da!“
Dennis hat in einem eingerollten Blatt an der Hecke eine ganze Schar der kleinen roten Käfer entdeckt. Da kommen auch schon die anderen Kinder angelaufen. „Ich setze gleich welche auf die Rosen“, sagt Michael und trägt ganz vorsichtig einige Käfer hinüber auf das Rosenblatt. „Nun werden sie aber tüchtig die Blattläuse abfressen“, meint er.
„Glaube ich nicht“, sagt Petra, „ich denk, Marienkäfer fressen gern die grünen Blätter.“
„Stimmt nicht“, sagt Michael, „schau sie dir eine Weile an! Ich hab noch nie einen Marienkäfer gesehen, der Blätter angeknabbert hat. Das machen nur die Raupen! Mein Opa sagt immer, wenn er genügend Marienkäfer hat, braucht er im Garten überhaupt kein Gift zu spritzen!“ „Das sind ja tolle Tierchen“, meint Till.

Barbara Cratzius

Marienkäferlein

Erste warme Sonne liegt
auf den grünen Hügeln.
Und ein rotes Pünktchen fliegt
hin und her vom Wind gewiegt:
früh schon auf den Flügeln.

Liebes rotes Käferlein
mit den schwarzen Tupfen,
kommst so zeitig und allein,
noch liegt Schnee am Wiesenrain:
Hol dir keinen Schnupfen.

Fred Rodrian

Ameisenkinder

Wer hat Ameisenkinder gesehn?
Können sie nach sechs Tagen schon gehn?
Laufen die Ameisenbabys geschwinder
Als zum Beispiel die Mistkäfer-Kinder?
Kriegen sie schon einen Klaps auf den Po?
Ach, meine Lieben, die Sache ist so:

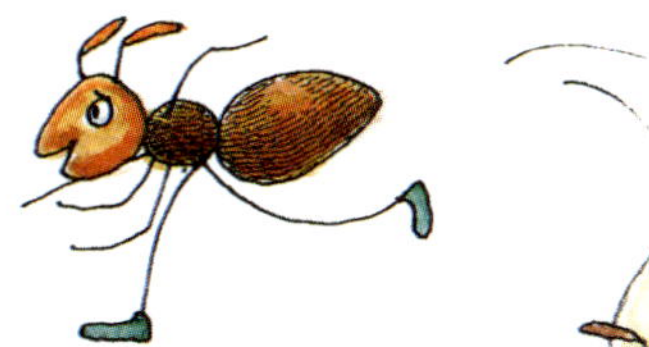

Wer Ameisenkinder sah, ganz kleine,
Der lügt.
Der betrügt!
Es gibt nämlich keine!

James Krüss

Aus den Eiern schlüpfen keine Ameisen, sondern Larven.
Die Arbeiterinnen müssen sie ständig füttern.
Wenn die Larven groß und dick sind, spinnen sie sich
in ein feines Gewebe ein – sie verpuppen sich.
Diese Puppen werden oft in die Sonne getragen.
In ihnen vollzieht sich eine wunderbare Verwandlung. Eines Tages
platzt die Hülle und eine fertige Ameise schlüpft heraus.

Traudel Hoffmann

Rätsel

Läuft ein Kribbel-Krabbel-Zwerg,
baut sich einen Riesenberg,
tausend Beinchen – große Kraft,
seht – was man gemeinsam schafft.
Rührt den Riesenberg nicht an,
weil der Zwerg sich wehren kann.

Traudel Hoffmann

Die Auflösung findest du auf Seite 164.

Die Eiche

Die Eiche ist Lebensraum für viele Tiere, Pflanzen und Pilze.
Sie kann sehr alt werden.

Eichhörnchen und Eichelhäher sammeln Eicheln für den Winter. Sie vergraben diese. Manche Eicheln beginnen zu keimen und wachsen zu neuen Eichen heran. Eicheln sind auch eine Lieblingsspeise für Wildschweine.

David Streeter &
Richard Lewington
„Entdeckungsreise in die Welt der Eiche“

Igel

Der Igel hat sich rechtzeitig im Herbst unter einer Wurzel zusammengerollt. Im Winter will er nicht gestört werden. Zwischen Laub und Stroh träumt er einen langen Igeltraum. Von der Frühlingssonne träumt er, die ihn wecken wird, und von dem Riesenhunger, den er nach dem langen Schlaf haben wird. Viele Hindernisse wird er überwinden, um an Nüsse, Beeren, Schnecken, ja sogar an Hühnereier heranzukommen. Er kann Flüsse durchschwimmen und auch manche Zäune überwinden; er klettert hinauf und lässt sich auf der anderen Seite auf seine Stacheln hinunterplumpsen. Wenn Gefahr droht, rollt sich der Igel blitzschnell zu einer stacheligen Kugel zusammen, so wie damals, als ihn auf dem Bauernhof der Hund entdeckt hat. Ein anderes Mal ist ihm, Gott sei Dank, nur ein Apfel auf die Stacheln gefallen. Vor der Eule aber wird sich der Igel immer in Acht nehmen müssen. Denn ihre Krallen sind länger als seine Stacheln. Im Frühling wird der Igel mit anderen Igeln um eine Igelin kämpfen. Und bald werden Igelkinder mit weißen, weichen Stacheln auf die Welt kommen. Nach einiger Zeit verlieren sie diese Babystacheln und bekommen ebenfalls einen Panzer aus festen Stacheln. Vielleicht werden die netten Leute vom Bauernhof auch nächstes Jahr wieder Wasser und eine Schale Hundefutter für den Igel bereitstellen. Aber noch ist tiefer Winter, und der Igel kann noch viele Tage weiterschlafen.

Susanne Riha

Susanne Riha
„Wir schlafen, bis der Frühling kommt“

Ich glaube, du glaubst

Auf der Welt gibt es unzählige Religionen; einige davon haben viele Millionen Anhänger. Es gibt diese Religionen, weil die Wissenschaft auf viele Fragen keine Antwort weiß. Religionen denken über Dinge nach, die wir nicht wissen. Die Ergebnisse solcher Gedanken sind oft tröstlich und machen Hoffnung.
Alle großen Religionen wollen den Menschen helfen. Darum haben sie auch vieles gemeinsam. Doch für jede dieser Religionen führt ein anderer Weg ans Ziel.
In Österreich gibt es ungefähr 50 Religionsgemeinschaften, die ohne große Probleme miteinander auskommen.
Österreich ist ein überwiegend katholisches Land. Aber es ist gut möglich, dass in deiner Schulklasse Kinder sitzen, die anderen Religionsgemeinschaften angehören. Dass diese Kinder Schulkameraden wie alle anderen auch sind, weißt du längst. Du kannst mit ihnen spielen, raufen und lachen. Ihr könnt aber auch miteinander reden.
Zum Beispiel über eure Religionen. So erfahrt ihr viel Interessantes und versteht einander besser. Manches, das einem vorher komisch oder unsinnig vorgekommen ist, schaut ganz anders aus, wenn man mit jemandem darüber geredet hat, der sich auskennt. Auch wenn manche Erwachsenen glauben streiten zu müssen: Ihr wisst, wie es besser geht.

Alfred Komarek

Die Welt ist groß – die Welt ist klein

Alle Menschen dieser Welt haben miteinander zu tun.
Wer atmet, nimmt sich etwas von der Luft, die allen gemeinsam gehört. Wer trinkt, löscht seinen Durst aus einem Wasservorrat, der für alle reichen muss. Wer isst, teilt sich die Nahrungsmittel dieser Welt mit allen, die auch satt werden wollen.
Jeder möchte auf der Weltkugel Platz haben.
Platz für sich zu haben ist wichtig. Das fängt schon zuhause an, in der Familie. Eine eigene Ecke, ganz für sich allein, ist was Feines. Ein eigenes Zimmer ist fast schon ein kleines Königreich. Die Familie hat eine Wohnung oder gar ein Haus, wo sie leben kann, wie es ihr gefällt.
Darüber hinaus gibt es auch noch ein winziges Stück Weltkugel, das dir besonders vertraut ist: deine Heimat.
Diese Heimat ist Teil von Österreich. Und Österreich ist ein Staat.
Der Staat Österreich ist eine Demokratie. Jede Wählerstimme hat also Einfluss darauf, welche Aufgaben der Staat für seine Bürger erfüllt und wie er das tut. Die Mehrheit der Stimmen entscheidet, aber auch die Minderheit wird beachtet. Damit die vielen Meinungen und Interessen zusammengefasst werden, damit man sich besser auskennt und gemeinsam mehr erreicht, gibt es in Österreich einige Parteien. Die Parteien mit den meisten Wählerstimmen dürfen regieren.
Sie werden dabei von den Wählern jener Parteien beobachtet, die nicht regieren. Am nächsten Wahltag gibt es dann Zustimmung oder Ablehnung.

nach Alfred Komarek

Komm, kleiner Indianer

Es war einmal ein kleiner Indianer, der ging in den Wald
und fand den Weg nach Haus nicht mehr.
Es war Winter, und es war bitterkalt.
Der kleine Indianer setzte sich in den Schnee und weinte.
Da kam ein brauner Bär und sagte:
„Komm zu mir in meine Höhle! Dort hast du es warm.“
Der Fuchs kam und sagte:
„Ich will für dich jagen, kleiner Indianer, damit du zu essen hast.“
Auch der Wolf ging für den kleinen Indianer auf die Jagd.
Die Vögel suchten Beeren, die noch an den Sträuchern hingen,
und brachten sie dem kleinen Indianer.
Das Eichhörnchen brachte Nüsse.
Manchmal dachte der kleine Indianer an seine Eltern zu Hause
und wurde traurig.
„Sei nicht traurig, kleiner Indianer“, sagten die Tiere und spielten
mit ihm, bis er wieder lachte.
Als es Frühling wurde, sagten die Tiere:
„Komm, kleiner Indianer! Wir helfen dir den
Weg nach Hause zu suchen.“
Sie gingen und gingen. Endlich fanden sie das
Zelt, in dem die Eltern des kleinen Indianers
wohnten.
„Leb wohl, kleiner Indianer“, sagten die Tiere.
„Du hast mit uns gelebt. Vergiss nie, dass
wir jetzt alle deine Brüder sind.“

Käthe Recheis/Friedl Hofbauer

Bei uns und anderswo

Aufforderung zum Tanz

Ringelrangelrosenkranz,
Für die Kinder diesen Tanz,
Für die Kinder russisch, dänisch,
Mauretanisch, deutsch, slowenisch;
Kinder, die wie Kohle schwarz sind
Oder rot wie Rosenquarz sind;
Kinder aus New York, wo Nacht ist,
Wenn bei uns der Tag erwacht ist;
Kinder aus dem Nordmeer-Hafen;
Kinder, die in Lumpen schlafen;
Kinder, die beim Dschungel leben,
Wo die Affen Feste geben:

Alle Kinder sind geladen.
Wenn sich eins ans andre hält,
Gibt's von Norden bis nach Süden
Und vom Osten bis zum Westen
Einen Reigen um die Welt.

Gianni Rodari (bearbeitet)

Ferienkoffer

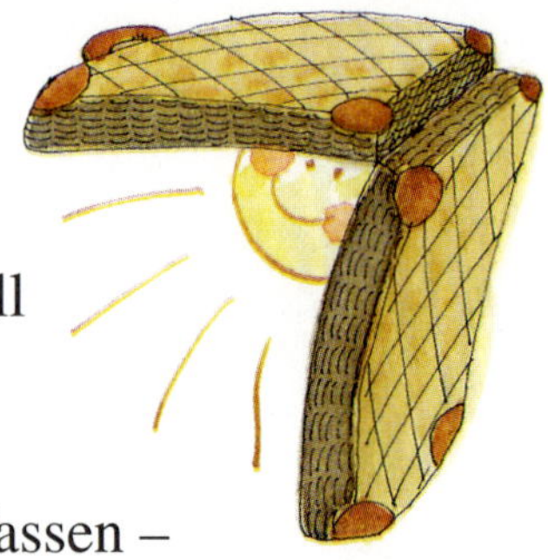

„Kinder, einsteigen, es wird Zeit!“
Der Wagen steht zur Abfahrt bereit,
bis oben hin ist der Kofferraum voll.
„Du meine Güte“, sagt der Vater, „wo soll
denn dieser Riesenkoffer noch hin?“
Er hebt ihn auf. „Da ist ja nichts drin!“
„O doch“, sagt Kurtchen, „vorsichtig anfassen –
ich hab ihn voll Sonne scheinen lassen,
und wenn es mal regnet, dann machen wir schnell
den Koffer auf, gleich wird’s wieder hell.“

Hans Baumann

Spruch
für einen, der mit dem Auto verreist

Ich wünsch dir keine Autoschlange,
genug Benzin und Glück dazu.
Fahr nicht zu wild! Fahr nicht zu bange!
Der Lenker deines Glücks bist du.

Spruch
für einen, der mit der Bahn verreist

Ich wünsch dir keine Langeweile.
Dein Platz sei weich und sei bequem.
Recht gute Fahrt! und im Abteile
nur nette Nachbarn außerdem.

James Krüss (Auswahl)

Fremdsprachen sollte man können …

Eine kleine und eine große Maus
laufen über die Strandpromenade.
Da biegt eine Katze um die Ecke.
Die große Maus bleibt erschrocken stehen.
Die kleine Maus läuft weiter und bellt: „Wau, wau!“
Da läuft die Katze davon.
Darauf sagt die kleine Maus zur großen Maus:
„Fremdsprachen muss man eben können!“

Ursula Scheffler

Wir fahren in andere Länder – doch wie sprechen wir miteinander?

Lukas liegt schon seit einer halben Stunde mit seinen Eltern am Strand. Die Sonne brennt und Lukas sieht viele Kinder im seichten Wasser spielen.
Gerne würde er mitspielen, denn bei seinen Eltern unter dem Sonnenschirm ist ihm schrecklich langweilig. Doch von weitem hört er, dass diese Kinder eine fremde Sprache sprechen.
„Hm“, denkt er, „vielleicht verstehen sie ja Englisch.“ Und so überlegt Lukas, wie er sie auf Englisch fragen könnte, ob sie ihn mitspielen lassen.
„Zu dumm, hätte ich doch in der Schule Frau Berger besser zugehört“, bereut Lukas seine Unaufmerksamkeit während der Englischstunden.
Nach einiger Zeit ist es ihm eingefallen. Er nimmt seinen ganzen Mut zusammen und geht zu den Kindern ins Wasser.
„Can I play with you?“, stammelt Lukas in seinem besten Englisch. Doch die Kinder schütteln nur den Kopf und sagen etwas, das so klingt wie „Non capisco“.
„Was das wohl heißt“, denkt Lukas. „Vermutlich sprechen sie kein Englisch. Schade, denn ich hätte so gerne mit ihnen gespielt.“

Damit du dir helfen kannst, gibt es hier die Zeichensprache für Weitgereiste:

1. Mitspielen: Lächle jemanden an! Oft genügt das schon, um ein Spiel zu beginnen!

2. Hallo: Halte eine Hand mit der Handfläche nach vorne. Du kannst auch „hallo“ dazusagen! Dieses Wort ist nahezu international.

3. Eis essen? Führe die Hand wie eine Eistüte zum Mund und strecke dabei die Zunge heraus.

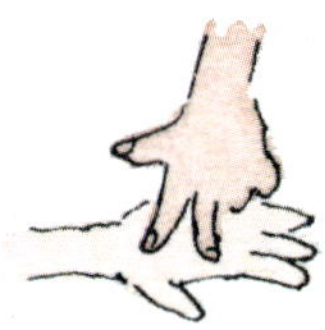

4. Spazieren gehen: Willst du mit jemandem einen kleinen Strandspaziergang machen, halte eine Hand flach von dir. Mit zwei Fingern der anderen Hand ahmst du einen Spaziergänger nach.

5. Ich heiße: Um jemandem deinen Namen mitzuteilen, schlage mit der flachen Hand auf deine Brust. Dann sage deinen Namen. Der andere wird gleich wissen, was gemeint ist.

6. Gibt es hier ein Telefon? Oft ist es wichtig zu telefonieren. Nimm dazu eine Hand und halte sie wie einen Telefonhörer oder ein Handy ans Ohr.

Uli Binder

Slavica

In Julias Klasse kommt ein neues Kind.
Ein Mädchen. Es heißt Slavica.
Slavica setzt sich auf den freien Platz neben Andi.
Andi gefällt das Mädchen. Es sieht lieb aus.
Andi sagt: „Ich bin der Andi. Und wie heißt du?“
Slavica zuckt mit den Achseln.
„Komisch“, denkt Andi, „warum sagt sie nichts?“
Sandra kommt zu Slavica und sagt etwas zu ihr.
Das versteht der Andi nicht.
Er fragt: „Wie bitte? Was hast du gesagt?“
Da lacht Sandra und sagt: „Ich habe sie begrüßt.
Sie kommt nämlich aus Bosnien – so wie ich.“
„Sprachen muss man können“, knurrt Andi.
„Aber ich weiß, was ich mache.
Ich werde Slavica Deutsch beibringen!“
Und sofort fängt Andi an.
Er zeigt auf sich: „Andi. Ich bin Andi.“
Er zeigt auf Slavica: „Slavica. Du bist Slavica.“
Slavica lacht und sagt: „Andi.“
Wenigstens ein Wort hat sie sich gemerkt!

nach Gabi Berger und Walter Pichler

Erica aus Brasilien

Ich heiße Erica de Jesus da Silva und bin acht Jahre alt.
Ich lebe in Niteroi, einer Stadt in Brasilien …
Mama, meine kleine Schwester Maria-Gabriela und ich gehören zur Familie …
Meine beste Freundin Julia wohnt im Nachbarhaus. Nach dem Mittagessen ziehen wir unsere Schuluniform an und gehen gemeinsam in unsere Schule. Fast alle Kinder aus unserem Stadtteil kommen hierher, denn man muss für den Unterricht kein Geld bezahlen. Eine private Schule ist sehr teuer.
Nur die reichen Familien können sich das leisten.
Der Unterricht fängt für Julia und mich um ein Uhr mittags an und dauert bis halb sechs am Nachmittag, von montags bis freitags.
Jeden Tag haben wir ein besonderes Fach wie Rechnen, Sozialkunde oder Portugiesisch. Das Lernen in der Schule macht mir Spaß. Ich bin im Rechnen besonders gut.
Auf Schularbeiten und im Zeugnis bekommen wir Noten.
Die beste Note ist bei uns die Zehn, die schlechteste die Eins.
Zweimal in der Woche habe ich in der Schule auch Tanzunterricht.
Ich tanze sehr gern und mag Musik.

Das dicke Kleid

Da es in Lappland sehr kalt ist, trägt man dort dicke Kleider. Ein Lappländer ließ sich einmal das dickste Kleid der Welt herstellen. Dieses Kleid sah aus wie ein Mantel, es war aber fast so weit wie ein Haus und die Taschen waren so groß wie Zimmer. Man konnte Esswaren darin verstauen, die für viele Wochen ausreichten. Vor dem Bauch war ein Ofen angebracht, den man von innen her heizte. Einmal sah der Mann, der den Mantel trug, eine schöne junge Lappländerin. Er liebte die Frau auf der Stelle und nahm sie in seinen Mantel hinein. Die Lappländerin, die ihn ebenfalls liebte, schenkte dem Mann zwei Mädchen. Nun lebte eine ganze Familie im Kleid des Lappländers. Sogar Hunde und Katzen fanden sich im Saum des Kleides ein und liefen dort herum. Das war ein Haushalt, in dem es auch im härtesten Winter warm genug war.

Jürg Schubiger

Was Kinder in anderen Ländern raten

Vier Füße, die er nie bewegt,
wenn er dich auf dem Rücken trägt.

Du tust zehn zu zehn –
es bleiben trotzdem zehn.

Trag einen dunkelblauen Frack,
mein Bauch ist weiß wie Schnee.
Im Frühling sag ich guten Tag,
im Herbst sag ich ade.

Was ist sauberer vor dem Waschen
und schmutziger nach dem Waschen?

Rote Schlange in dunklem Schacht
von bissigen Soldaten gut bewacht.

Quake, leb im Wasser drin,
wisst ihr schon, wer ich bin?
Auf dünnen Beinen springe ich,
vor Störchen aber fürcht ich mich.

Am Himmel oben wohne ich,
bringe Wärme, bringe Licht,
sende meine Strahlen aus.
Schlafe ich, geht auch nach Haus!

Ich kann sausen ohne Räder,
ohne Motor und Benzin,
doch ich kann es nicht im Sommer,
wenn auf dem Hügel Blumen blühn.

Polen
China
Ungarn
Türkei

Die Auflösung findest du auf Seite 164.

Süße Sachen aus anderen Ländern

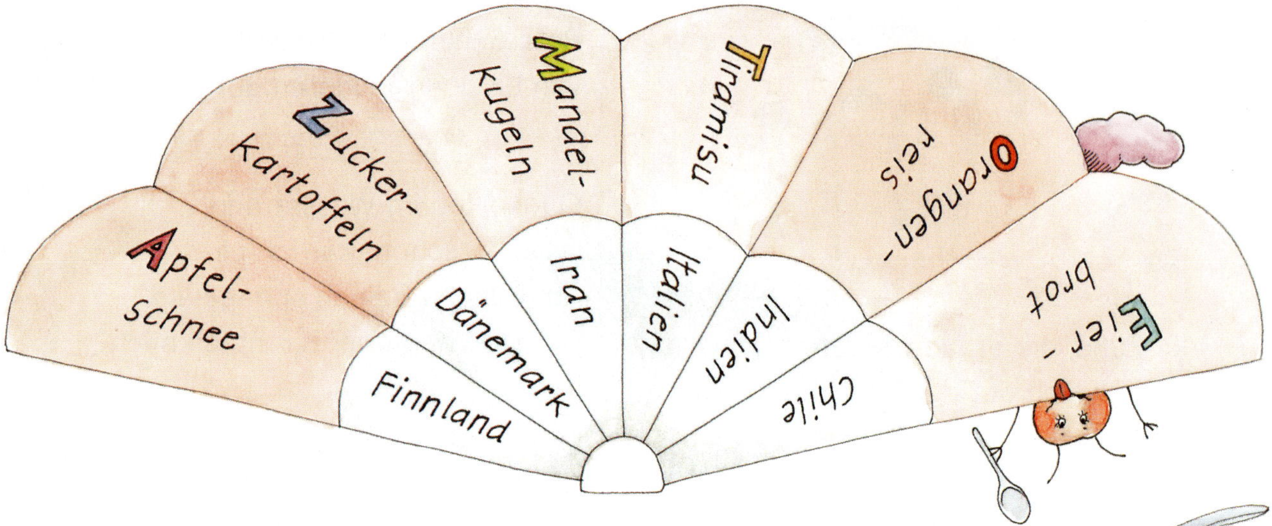

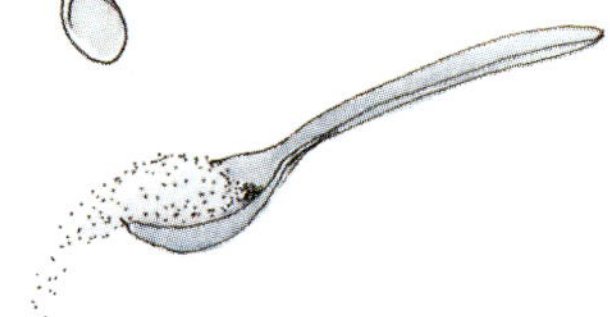

Japan: Melonensalat (Kori-suika)

Geräte: großes Brett, 2 Schüsseln, großes und kleines Messer, Esslöffel, Zitronenpresse

Zutaten: 1 Melone, 1 Zitrone, 1 Esslöffel Zucker und andere Früchte

Zubereitung:
1. Auf einem großen Brett schneidest du die Melone mit einem großen Messer auseinander.
2. Hol das Melonenfleisch mit einem Löffel aus der Frucht und entkerne es.
3. Schneide Würfel und leg sie in eine Schüssel.
4. Die Melonenstücke werden mit dem ausgepressten Zitronensaft beträufelt und mit Zucker bestreut.
5. Jetzt mischst du die anderen Früchte unter den Salat.
6. Zum Schluss wird alles in eine Melonenschale gefüllt.

Schneide Zacken in den Rand der Melonenschale und serviere den Salat in dieser Schale!

Was du mit der anderen Melonenhälfte machen kannst:
Es ist leicht, ein Melonengetränk zu mixen.
Du gießt 1 Flasche Apfel- oder anderen Fruchtsaft in die Schale, in die du Melonen- oder Eisstückchen legst.

Was du aus den leeren Melonenschalen machen kannst:
Mit einem spitzen Messer schneidest du einfache Muster in die Schale.
Die Sache wird geheimnisvoll, wenn du eine Kerze in oder unter die Schale stellst.

Dorli Gissler

Eine Rätselrunde

Ratet ihr gern Rätsel aus anderen Ländern? Dann könnt ihr Folgendes machen:

21, 22, ... 45, 46, 47 ... 81, ... 95

Schlagt in eurem Lesebuch die Seite 95 auf!

Wer zuerst die Lösung eines Rätsels gefunden hat, bekommt einen Punkt.
Wer am Schluss die meisten Punkte hat, ist Rätselraterundensieger.
Für ihn denkt euch eine kleine Überraschung aus!

Fremdsprachen müsste man können

Schreibe dein eigenes Fremdwörterbuch!
Du kannst die Wörter aufschreiben, die du schon kennst.
Du kannst nach unbekannten Wörtern suchen.

So wird es geschrieben:	*So wird es gesprochen:*	*Das bedeutet es:*
skateboard (engl.)	*skeit bo'd*	*Rollbrett*
salut (franz.)	*salü*	*Grüß dich; Servus!*
шутка (russisch)	*schutka*	*Witz*
...	...	...

Jeder ist wichtig

Schwere Last

Mir liegt was auf dem Herzen,
da liegt es gar nicht gut.
Schwer wie ein dunkler Schatten
mit einem schwarzen Hut.

Würdst du mich danach fragen,
würd ich dir alles sagen
und ihn damit verjagen,
so wär mir wieder gut.

Christiane Grosz

Swimmy

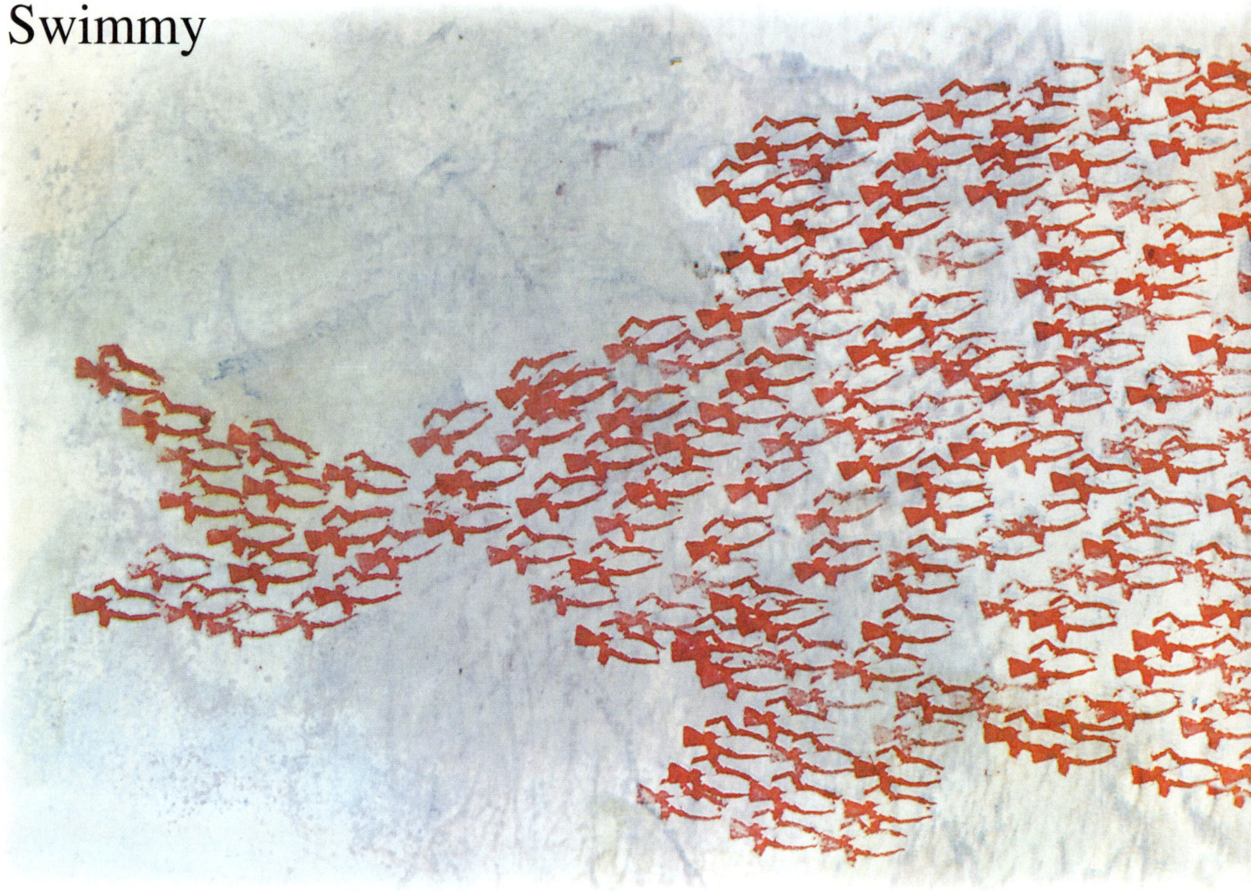

Irgendwo in einer Ecke des Meeres lebte einmal ein Schwarm kleiner, aber glücklicher Fische. Sie waren alle rot. Nur einer von ihnen war schwarz. Schwarz wie die Schale der Miesmuschel.
Aber nicht nur in der Farbe unterschied er sich von seinen Schwestern und Brüdern: Er schwamm auch schneller. Sein Name war Swimmy.

Eines schlimmen Tages kam ein Thunfisch in diese Ecke des Meeres gebraust, ein schneller, grimmiger, überaus hungriger Bursche.
Der verschlang alle kleinen roten Fische mit einem einzigen Maulaufreißen.
Nur ein Fisch entkam. Das war Swimmy.
Erschrocken, traurig und einsam wedelte der kleine Swimmy hinaus ins große Meer.
Nun ist das Meer aber voller wunderbarer Geschöpfe, die Swimmy in seiner heimatlichen Meeresecke nie gesehen hatte.

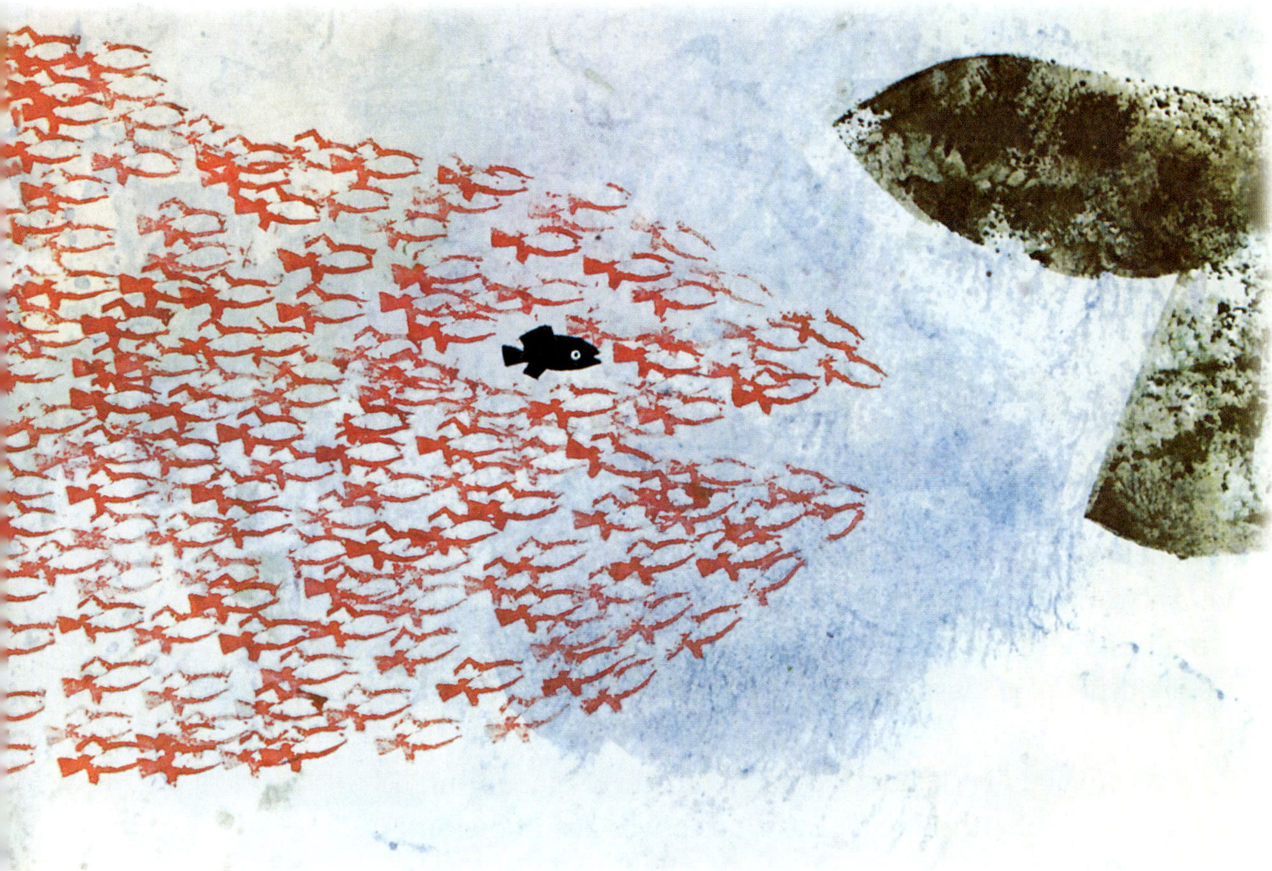

Als der große Ozean ihm Wunder über Wunder vorführte,
wurde er bald wieder so munter wie ein Fisch im Wasser.
(Und ein Fisch im Wasser war er ja; wenn auch ein ganz kleiner.)
Zuerst sah Swimmy die Meduse, die Qualle. Er fand sie wunderbar.
Sie sah aus, als wäre sie aus Glas, und sie schillerte in allen Farben
des Regenbogens. Dann sah Swimmy eine Art lebenden Schaufelbagger.
Das war der Hummer. Gleich darauf schwammen sehr seltsame Fische
an ihm vorbei, leise und gleichmäßig, als ob sie von unsichtbaren Fäden
gezogen würden. Dem kleinen munteren Swimmy waren sie
ein bisschen unheimlich. Bald aber war Swimmy wieder heiter.
Er durchschwamm einen prächtigen Märchenwald. Einen Wald
aus Meeresalgen, die auf bonbonbunten Felsen wuchsen.
Swimmy kam aus dem Staunen nicht heraus.
Jetzt nämlich begegnete er einem Aal, der ihm unendlich lang erschien.

Als Swimmy endlich wild wedelnd am Kopf des Aales angekommen war,
konnte er sich schon nicht mehr an die Schwanzspitze erinnern.
Ein Wunder schloss sich an das andere an. Das nächste waren die See-Anemonen.
Sie schwammen in der Strömung sanft hin und her, wie rosa Palmen,
vom Wind bewegt. Dann jedoch glaubte Swimmy seinen Augen
nicht zu trauen: Er sah einen Schwarm kleiner roter Fische.
Hätte er nicht gewusst, dass sein eigener Schwarm verschlungen
und verschwunden war: Er hätte den Schwarm für seine Schwestern
und Brüder gehalten.
„Kommt mit ins große Meer!“, rief er ihnen munter zu. „Ich will euch
viele Wunder zeigen!“ „Geht nicht“, antworteten die kleinen roten Fische
ängstlich. „Dort würden uns die großen Fische fressen! Wir müssen uns
im sicheren Felsenschatten halten.“
Die Antwort der kleinen roten Fische machte Swimmy nachdenklich.
Er fand es traurig, dass der Schwarm sich nie hinaus ins offene Meer
trauen durfte. „Da muss man sich etwas ausdenken!“, dachte er.
Und er dachte nach.
Er überlegte und überlegte. Und endlich hatte er einen Einfall.
„Ich hab's!“, rief er fröhlich. „Lasst uns etwas ausprobieren!“
Da Swimmy den kleinen roten Fischen gefiel, befolgten sie
seine Anweisungen: Sie bildeten einen Schwarm in einer ganz
bestimmten Form. Jedes Fischchen bekam darin seinen Platz
zugewiesen. Als der Schwarm diese bestimmte Form
angenommen hatte, da war aus vielen kleinen roten Fischen
ein großer Fisch geworden, ein Fisch aus Fischen, ein Riesenfisch.
Es fehlte dem Fisch nur das Auge. Also sagte Swimmy: „Ich spiele das Auge!“
Dann schwamm er als kleines schwarzes Auge im Schwarm mit.
Jetzt traute der Schwarm sich endlich hinaus ins offene Meer,
hinaus in die große Welt der Wunder: Niemand wagte mehr sie zu belästigen.
Im Gegenteil: Selbst die größten Fische nahmen vor dem Schwarm Reißaus.
Und so schwimmen viele kleine rote Fische getarnt als Riesenfisch
immer noch glücklich durch das Meer
und Swimmy fühlt sich in seiner Rolle als wachsames Auge sehr, sehr wohl.

Leo Lionni (deutsch von James Krüss)

Der Bäcker

Der Bäcker rührt den Teig am Morgen,
muss stets für frische Semmeln sorgen,
bäckt dicke, runde Streuselschnecken,
auch viele Schokoladenecken,
und spritzt auf die Geburtstagstorte
zwei zuckersüße Glückwunschworte.

Die Kindergärtnerin

Die Kindergärtnerin ist klug,
macht montags einen Fackelzug,
erzählt am Dienstag Spaßgeschichten,
weiß mittwochs jeden Streit zu schlichten,
putzt freitags alle Schnupfennasen
und lernt am Sonntag Flöte blasen.

Der Tischler

Der Tischler schneidet Brett für Brett,
baut daraus Schrank und Kinderbett,
bohrt Löcher, dreht die Schrauben ein,
denn alles muss sehr haltbar sein,
und leimt mit heißem Tischlerleim
das Schaukelpferd im Kinderheim.

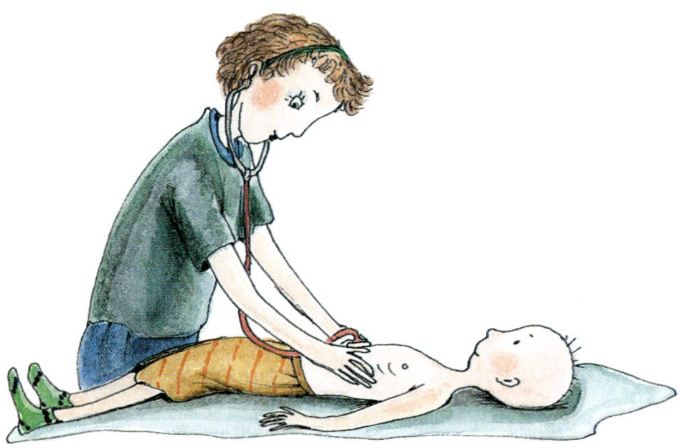

Die Ärztin

Die Ärztin drückt dir auf den Magen,
hört sehr geduldig deine Klagen,
besieht auch gründlich deine Zunge,
belauscht dein Herz, den Puls, die Lunge
und sagt: Wir werden deine Mandeln
mit feinem Sandpapier behandeln.

Gottfried Herold

Bei der Feuerwehr wird der Kaffee kalt

Da läutet das Feuerwehrtelefon.
Löschmeister Wasserhose nimmt den Hörer ab.
„Wie, was?“, fragt er. „Ein kleiner Bub? Gut, wir kommen! Alarm!“ Da legen alle ihre Brote auf den Tisch und rennen zur Rutschstange. Ssst, sst, sst sind sie unten.
Der Löschmeister gibt ordentlich Gas. Alle Autos halten an um den roten Wagen vorbeizulassen.
Und die Leute fragen sich auf der Straße: „Was wird denn nun wieder passiert sein?“
Ja – was war passiert? Der kleine Emil Zahnlücke war zum Schwanenteich gelaufen. Der Schwanenteich hatte eine Eishaut bekommen. Und Emil Zahnlücke dachte: Ich werde auf dem Eis rutschen! Wie werden die Kinder über meine Eisbahn staunen! Am Ufer hielt das Eis auch. Emil Zahnlücke ging einen Schritt und dann noch einen und dann nahm er Anlauf und sauste über das Eis. Aber mit einem Mal machte es ping! Und quer durch die Eisdecke lief ein Riss. Emil Zahnlücke erschrak. Er wollte sich umdrehen und zurücklaufen.
Da machte es noch einmal pling und pleng und klirr und er lag im Wasser. Jetzt hält sich Emil Zahnlücke am Rand des Eisloches fest und schreit. Die Arme sind ihm schon lahm; manchmal bricht unter seinen Fingern ein Stückchen Eis ab, dann taucht Emil Zahnlücke mit dem Kopf unter und schluckt eisiges Wasser und fuchtelt mit den Armen und versucht den Rand des Eisloches wieder zu fassen.
Was meint ihr, welche Angst der kleine Emil hat!
Am Ufer stehen Menschen und wollen helfen. Aber sie kommen nicht an Emil Zahnlücke heran, sie sind schwerer als er und brechen schon am Ufer durch die Eisdecke!
Alle atmen auf, als sie das Tatü-tata der Feuerwehr hören.
Löschmeister Wasserhose prüft das Eis.

„Wachtmeister Meier!“, ruft er. „Sie sind der Leichteste von uns. Nehmen Sie sich zwei Steckleitern und arbeiten Sie sich an das Kind heran!“ Wachtmeister Meier holt aus dem Auto zwei kurze Leitern und ein Seil. Er schiebt die Leitern aufs Eis. Dann legt er sich vorsichtig auf eine Leiter, schiebt die andere vorwärts und kriecht dann darauf. Bald ist er bei Emil Zahnlücke angelangt.
Gerade lässt der kleine Emil den Eisrand los. Aber Wachtmeister Meier erwischt ihn am Mantelkragen und zieht ihn auf die Leiter. Das ist eine schwere Arbeit, denn Emil ist tropfnass. Schließlich bindet der kleine Meier das Seil an die Leitern. Die Feuerwehrleute am Ufer ziehen.
Wie ein Schlitten rutscht die Leiter über das Eis. So werden der kleine Meier und Emil ans Ufer geholt. Emil klappert mit den Zähnen. Er wird in eine dicke Feuerwehrdecke gewickelt. Dann fahren sie mit Tatü-tata ins Krankenhaus. Wer so lange in eiskaltem Wasser gelegen ist, dem muss der Arzt helfen.

Hannes Hüttner (bearbeitet)

Tipps für schlaue Verkehrsteilnehmer

Tipp 1: Gehsteigland ist Vorsichtsland!
Ihr wisst genau, wo man spielen und herumtollen darf!
Sicher nicht in der Nähe der Fahrbahn, am Gehsteigrand oder an der Haltestelle!

Tipp 2: Nicht einfach hinterherlaufen!
Halt, es ist rot! Lauf nicht einfach hinterher.
Schau und horche nach beiden Seiten, bevor du die Straße überquerst!
Auch Erwachsene machen nicht immer alles richtig.

Tipp 3: Sieh zu, dass man dich sieht!
Tritt zwischen den parkenden Autos vorsichtig hervor. Bleib stehen und schau!
Dann kann auch dich der Autofahrer sehen.

Tipp 4: Kluge fahren mit Sicherheitsgurt!
Sicherheitsgurte können Leben retten.
Das weißt du bestimmt.
Schnalle dich also immer an!

Tipp 5: Wenn die Ampel nicht mehr funktioniert ...
Weißt du eigentlich, wie man sich dann verhält? Genauso wie bei Straßen ohne Ampel: Bleib am Gehsteigrand stehen. Dann schau nach beiden Seiten und warte ausreichend große Verkehrslücken ab! Wenn du die Straße überquerst, schau auch immer nach beiden Seiten!

Tipp 6: Wähle den sicheren Weg!
Dieses Zeichen zeigt dir eine Wohnstraße an. Hier müssen alle aufeinander Rücksicht nehmen: die Fußgänger, die Radfahrer und die Autofahrer.
Die Autofahrer müssen in Schrittgeschwindigkeit fahren. Du kannst also ohne übertriebene Eile von der Straße weggehen.

nach Helmis Tipps für schlaue Verkehrsteilnehmer

Wie der kleine Timmi ein berühmter Clown wurde

Tim Tolpatsch war der Clown im Zirkus Marifari. Jeden Tag musste er über Wassereimer stolpern, auf einem ausgestopften Löwen reiten und dazu noch auf der Geige spielen. Auf einem wackeligen Stuhl machte er einen Handstand und schlenkerte mit seinen übergroßen Latschen. Da passierte es. Der Stuhl brach zusammen. Tim Tolpatsch fiel auf die Nase und schrie: „Au weh!“ Die Leute klatschten und meinten, das soll so sein. Aber er hatte sich wirklich wehgetan.

Am anderen Morgen war die Nase dick und rot. „So kannst du nicht auftreten“, sagte Timmi, sein kleiner Sohn. Der Clown war verzweifelt. „Keine Sorge“, meinte Timmi, zog sich Papas Kostüm an, rannte in die Zirkusmanege, trat sich auf die langen Hosenbeine und schlug einen Purzelbaum.

Das Publikum lachte und die Kapelle spielte „Täterätä!“ Ein ausgestopfter Löwe kam hereingelaufen. Timmi wollte hinaufspringen, aber er fiel herunter und in den Wassereimer hinein. Die Zuschauer waren begeistert!

Nach der Vorstellung gratulierte der Zirkusdirektor höchstpersönlich dem kleinen Clown und schrieb auf alle Plakate: „Tim und Timmi Tolpatsch, die weltberühmten Clowns!“

Da war der Papa sehr stolz auf seinen kleinen Sohn.

Und wenn der Zirkus Marifari in eure Stadt kommt, dann müsst ihr unbedingt hineingehen.

Erika Scheuering

Der berühmte Maler Pablo Picasso (1881–1973) wurde in Spanien geboren, lebte aber in Frankreich. Seinen dreijährigen Sohn Paolo malte er 1924 als Harlekin.

Paolo als Harlekin, Paris 1924,
Öl auf Leinwand, Musée Picasso, Paris

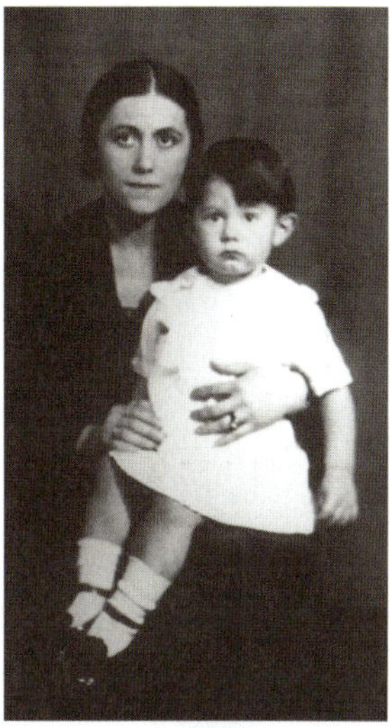

Auf dem Foto seht ihr Paolo (2 Jahre) mit seiner Mutter.

Das erste Konzert

Vater Mozart war ein strenger Lehrer. Alles, was er konnte – und das war nicht wenig –, wollte er seinen Kindern beibringen. Wolfgang und Nannerl mussten üben, immer wieder üben. Bis die Töne perlten. Rein und schön.

Wolfgang wurde weder traurig noch ärgerlich, wenn er immerfort lernen und wiederholen musste. Im Gegenteil. Das Musizieren war sein liebstes Spiel. Wie andere Kinder bauen und bunte Bilder malen, lauschte er den Stimmen und Tönen. Dachte sich selbst Melodien aus und – schrieb sie in sein Notenheft.

„Was machst du denn da?", fragte der Vater, als er eines Abends nach Hause kam.

Der Kleine stand auf dem Schreibstuhl seiner Schwester.

Schrieb mit dem Federkiel. Wischte wieder aus, was schon dastand. Summte sich eins und schrieb neu, strich durch und schrieb abermals neu.

„Wolfgang“, rief der Vater ungeduldig.
Der Bub wandte ihm das glühend heiße Gesicht zu.
„Ich komponiere. Ein Konzert“, antwortete er.
„Du? Das wird was Rechtes sein. Kennst ja kaum Noten.“
Der Vater trat hinter den Sohn und schaute ihm über die Schulter.
In seinem Eifer hatte Wolfgang die Feder gleich durch das Papier gebohrt. Die Noten waren vor Tintenklecksen schlecht zu lesen. Aber richtig, ganz nach den Regeln der Musik war alles geschrieben.
Vor Freude und Stolz brachte der Vater erst kein Wort heraus. Endlich meinte er: „Kind, wer soll denn das spielen? Ist doch viel zu schwierig für deine kleinen Hände.“
„Ist ja auch ein Konzert. Ich werde üben, bis ich es kann“, sagte Wolfgang, sprang zum Flügel und fing gleich an. Probierte, verhaspelte sich und versuchte es aufs Neue. Zweimal. Dreimal. Ohne Pause.
Hätte die Mutter ihn nicht genommen und kurzerhand ins Bett gesteckt – er wäre die ganze Nacht bei seinem Konzert geblieben.

Anne Geelhaar
(bearbeitet)

Berufe in Bildern

Findest du die Berufe?
Briefträger, Buchbinder, Buchhalter, Flugzeugführer, Haushälterin, Schiffskoch, Rauchfangkehrer, Schriftsetzer, Schulleiter (Direktor)

Drei Gedichte zum Selbermachen

Was passt zusammen?
Zu jedem Gedicht gehören 6 Zeilen.

Der Gärtner

Der Polizist

Die Krankenschwester

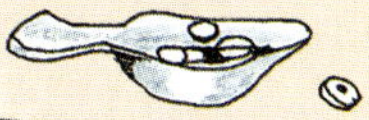

zeigt jedem Autofahrer an,
wohin und wann er fahren kann,

gibt dir drei Pillen, sieben Tröpfchen
und setzt dich abends auf das Töpfchen.

pflanzt Rosen, aber auch Tomaten,
muss gießen, dass sie gut geraten

Der Polizist kennt die Gesetze,
gibt Acht, dass keiner sie verletze,

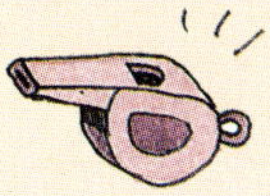

Die Krankenschwester pflegt mit Liebe
selbst abgestürzte Kirschendiebe,

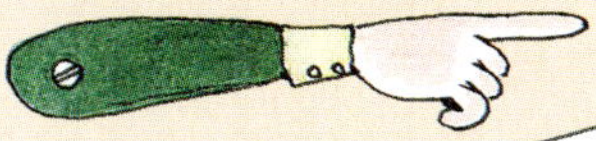

Der Gärtner sät die Samen aus,
da werden später Blumen draus,

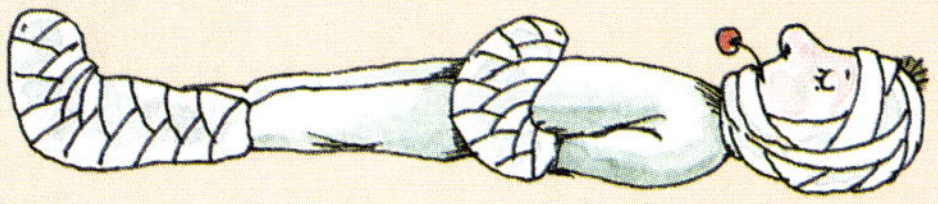

und ruft per Funk die nächste Streife:
Bringt bitte meine Trillerpfeife!

misst Fieber früh um sechs Uhr dreißig,
serviert das Frühstück, ist sehr fleißig,

und bringt vielleicht mit großen Mühen
sogar den Gartenschlauch zum Blühen.

Gottfried Herold

Wenn ich groß bin

Wenn ich groß bin,
werde ich Seefahrerin!
Dann entdecke ich
eine geheimnisvolle Insel.
Dort kämpfe ich mit wilden Bestien und
Fleisch fressenden Pflanzen, mit Regen und Wind.
Auf einmal finde ich seltsame Spuren im Sand,
die sind … von einem Riesenvogel.
Der packt mich und entführt mich in die Lüfte.
Weit draußen schmeißt er mich ins Meer. Da sinke ich
bis auf den Grund, wo eine alte Schatztruhe liegt.
Ein Delphin rettet mich und bringt mich zurück
in mein Boot. Der Delphin wird mein Freund
und zusammen heben wir den Schatz.

Erhard Dietl

Erhard Dietl
„Wenn ich groß bin“

Traumhaftes und Zauberhaftes

Der Traumzauberbaum

Ich bin der Traumzauberbaum,
mich sieht ein Kind nur im Traum,
wachse im Traumzauberwald,
bin tausend Jahre schon alt,
hab viele Blätter so fein,
ein Blatt gehört dir allein,
in jedem Blatt steckt ein Traum,
ich bin der Traumzauberbaum.

© Monika Ehrhardt/Reinhard Lakomy

Lena – wohin fliegst du?

Lena steigt im Traum
auf den höchsten Baum
frühstückt bei Frau Meise
fliegt danach ganz leise
an den blauen Nil
stemmt ein Krokodil
baut ein Schloss im Sand
reist per Elefant
heimwärts durch die Nacht
bis der Tag erwacht.

Sophie Brandes

Überraschender Besuch

Neulich, mitten in der Nacht,
da hat es plötzlich laut gekracht,
und während ich so liege –
deutlich knarrt die Stiege –
drauf öffnet sich die Tür,
also, ich kann nichts dafür:
Denn draußen steht ein Wal,
tonnenschwer, mehr breit als schmal.
Kaum zu glauben, was ich da höre:
Entschuldige, sagt er, dass ich störe,
denn draußen herrscht ein Schweinewetter,
in deinem Bett, da wär es netter!
Ich fand das, ehrlich, eher peinlich.
So ein Wal, ist der auch reinlich?
Und das, wie gesagt, mitten in der Nacht.
Zum Glück bin ich gleich drauf aufgewacht!

Werner Pichler

Was hab ich bloß geträumt?

Hast du auch schon einmal im Traum
eine sonderbare Geschichte erlebt?
Vielleicht konntest du fliegen?
Vielleicht warst du bärenstark?
Vielleicht bist du auch in ein tiefes Loch gestürzt? …
Kannst du dich an einen deiner Träume erinnern?

Du kannst es auch so machen wie Julia.
Sie schreibt ihren „Tagtraum“ auf
und schickt ihn ihrem Freund in einem Brief.

Lieber Marcel,

wenn ich allein bin und Mama und Papa und Martin in der Arbeit sind, bin ich oft traurig. Dann lege ich mich ins Bett, decke mich bis über den Kopf zu und denke über schöne Stunden mit Mama, Papa und Martin nach.

Aber auf einmal klingelt das Telefon und ich erwache wieder aus meinem Traum und renne ans Telefon. Mama ist dran. Sie fragt: „Was machst du denn?"

Ich sage mit heiserer Stimme wie jedes Mal: „Ich liege im Bett und träume." Mama antwortet: „Na, dann möchte ich dich nicht weiter stören." Ich lege mich wieder ins Bett, aber ich kann nicht mehr träumen und ich setze mich vor den Fernseher.

Deine Julia

Julia, 9 Jahre

Die Gespinster

Bitte mach das Licht nicht aus,
bitte geh noch nicht hinaus,
ich hab Angst im Finstern!
Ich fürcht mich vor Gespinstern!

Man schläft nicht gut bei Licht, mein Kind,
und Gespinster gibt es nicht!,
sagt die Mutter, geht hinaus
und löscht dabei das Licht.
Im Zimmer ist es finster.
Jetzt kommen die Gespinster.
Sie haben Hemden aus Vorhang und Wind.

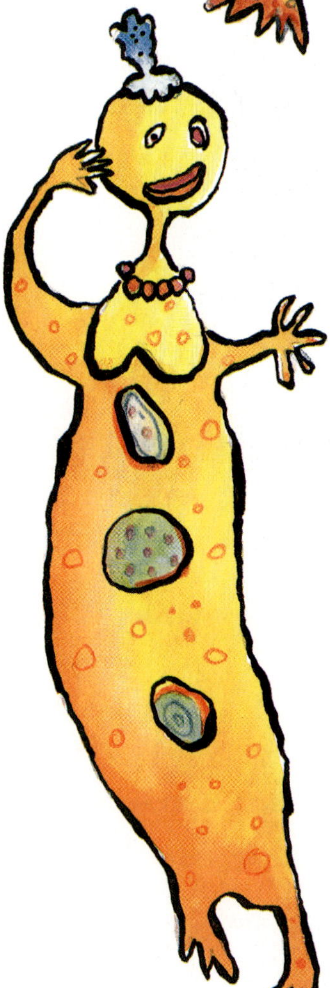

Die Gespinster tanzen im Zimmer herum,
der Fußboden knackst und die Truhe.
Gespinster tanzen nur ganz sacht,
sie tragen niemals Schuhe.

Sie wehen und gehen auf bloßen Zehen,
sie knacken und sie rascheln.
Sie schwimmen durchs Zimmer im Mondenschein,
sie schwimmen durchs Fenster hinaus und herein
und sind ganz aufgeregt,
weil das Kind sich nicht schlafen legt.
Es fürchtet sich, sagt ein kleines Gespinst.
Es fürchtet sich im Finstern,
es fürchtet sich vor Gespinstern!

Da zünden sie alle Laternchen an,
und es wird ganz schnell
ganz hell!!!

Und es wuschelt und huschelt und tuschelt:
Hab keine Angst vor Gespinstern!
Sie tragen die Sterne im Finstern!

Friedl Hofbauer/Anna Melach

Hexeneinmaleins

Du musst verstehn!
Aus Eins mach Zehn,
Und Zwei lass gehn,
Und Drei mach gleich,
So bist du reich.
Verlier die Vier!
Aus Fünf und Sechs –
So sagt die Hex –
Mach Sieben und Acht,
So ist's vollbracht:
Und Neun ist Eins,
Und Zehn ist keins.
Das ist das Hexeneinmaleins.

Johann Wolfgang von Goethe

HEXEN HEXEN WAS?
HEXEN HEXEN WAS.
WAS HEXEN HEXEN?
HEXEN HEXEN NIXEN.
HEXEN NIXEN WAS?
NIXEN HEXEN NIX.

Friedl Hofbauer/Anna Melach

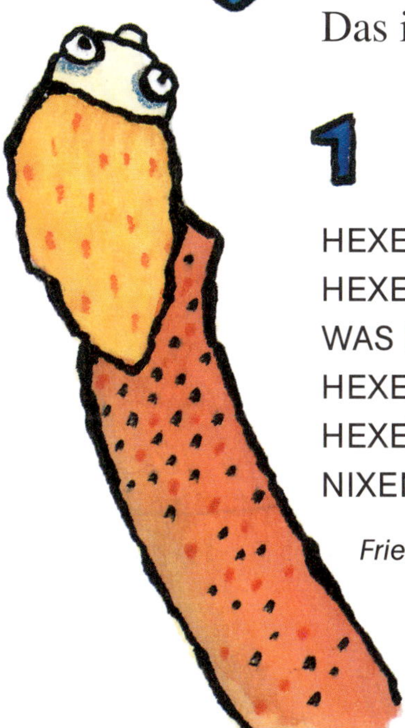

Wirrle - knirrle - knarrlelat

Wenn die Hexe Bauchweh hat,
macht sie sich einen guten **Salat.**
Sie nimmt einen Lauchstängel.
Sie nimmt einen Lauchstängel und einen Zwetschkenstein.
Sie nimmt einen Lauchstängel und einen Zwetschkenstein und …
(Fügt immer ein Wort dazu, bis der Salat fertig ist.)
… Sprossenkohl, … Birnenstiel …
Wirrle - knirrle - knarrlelat,
fertig ist nun der Salat!

Wenn die Hexe Zahnweh hat,
macht sie sich einen **Wickel.**
Sie nimmt einen Rettich.
Sie nimmt einen Rettich und ein Kohlblatt.
Sie …
… Weidenzweig, … Rattenschwanz, … Spinnenfaden …
Wirrle - knirrle - knarrlezwickel,
fertig ist der Hexenwickel!

Wenn die Hexe Husten hat,
kocht sie sich einen **Tee.**
Sie nimmt einen Mausezahn.
… Eierschwamm, … Zwiebelhaut,
… Knoblauchzeh, …. Kirschkern,
… Eidechsenschwanz …
Wirrle - knirrle - knarrleknee,
fertig ist der Hexentee!

Wenn die Hexe Kopfweh hat,
mischt sie sich ein **Pulver**.

Zauberstab und Zauberhut

Zauberstab und Zauberhut,
gelb mit roten Drachen,
stehn dem alten Zauberer gut,
sind seine besten Sachen.
Abends in der Zauberküche
übt er seine Zaubersprüche,
das erhöht die Zauberkraft.
Zaubern kann er zauberhaft.

Morgens steht der Zauberer auf
aus dem Zauberbette,
bringt die Zauberuhr in Lauf
an der Zauberkette.
Und er wäscht sich mit der Zauber-
seife Hals und Ohren sauber.
Und dann stehn ihm doppelt gut
Zauberstab und Zauberhut.

Peter Hacks

Der Bettler und der König

Der Bettler und der König tauschten für eine Nacht ihre Rollen.
Der Bettler durfte im großen Schloss des Königs bleiben, der König zog in die winzige Hütte des Bettlers.
Das Schloss des Königs hatte 100 Zimmer, 300 Fenster und viele, viele Türen. Der Bettler ging im riesigen Schloss von einem Zimmer zum anderen. In jedem Badezimmer wusch er sich dreimal die Hände.
Alle fünf Schritte sah er sich selbst in irgendeinem Spiegel.
Alle zehn Schritte traf er auf einen Diener, der sich tief verneigte.
Vom Herumgehen und Sichverneigen – denn der Bettler war ein höflicher Mensch – wurde er bald sehr müde.
Aber alle Betten im Schloss waren ihm viel zu groß und zu weich, und in allen Zimmern des Schlosses war es ein wenig kalt.
Wer kann schon 100 Zimmer heizen?
So setzte sich der Bettler in einen der bequemen Kleiderschränke, zwischen all die warmen Mäntel und Jacken und Hosen, die Tür ließ er einen kleinen Spalt weit offen. So schlief er halbwegs, bis die Sonne aufging.
Der König saß nachts in der winzigen, windschiefen Hütte des Bettlers auf dem einzigen Stuhl, den er finden konnte. Er hatte sich in eine warme Wolldecke gewickelt, im rostigen Ofen brannte ein kleines Feuer.
Der König schaukelte zufrieden mit dem Stuhl, kaute an einem alten Stück Brotrinde und fühlte sich wie ein König.

Heinz Janisch

Vom Frosch Florian und der Krähe

Der Frosch Florian saß auf einem Seerosenblatt und war mit seinem Quaken nicht mehr zufrieden. „Immer quak, wie langweilig“, quakte er und … erschrak. Denn am Ufer sah er die Krähe sitzen. „Du bist ja ganz blassgrün“, krächzte sie. „Keine Angst, ich tu dir nichts. Dir geht das Gequake auf den Wecker? Ich fände es lustig, einen Tag lang zu quaken. Dafür leihe ich dir meine herrliche Stimme.“ „Quak, die klingt ja wie ein rostiger Mülleimer“, lachte der Florian.

Aber die Krähe war schon in den Wald geflogen und holte die Zauberfee. Sie sprach: „Wer singt, macht quak für einen Tag; wer quakt, der singe. Zauber gelinge!“ Und nun krächzte der Frosch, und die Krähe flog quakend davon.

Am anderen Morgen trafen sich die beiden wieder – die Krähe mit zerzaustem Gefieder und Florian mit einer blauen Beule am Kopf.

„Willst du zur Modenschau mit deinem blauen Hütchen?“, spottete die Krähe. „Nein“, quakte der Frosch, „ich dachte, wenn ich singen kann, dann kann ich auch fliegen.“

„Und mich hat der Storch mit dir verwechselt und mir die schönsten Federn zerrupft“, schimpfte der Vogel. „Und ich dachte, du warst in der Reinigung und sie haben das Bügeln vergessen“, foppte Florian, machte einen Kopfsprung und verschwand zwischen den Seerosenblättern.

Erika Scheuering

Im Lande Verkehrt

Im Januar fällt dort warmer Regen,
zwei Meter Schnee gibt's im Juli dagegen,
im August sind alle Fenster gefroren.
Die Brillen setzt man hinter die Ohren.
Am größten sind dort die kleinen Zehen.
Briefträger sieht man auf Händen gehen.
Als Erste werden die Faulenzer wach,
die Autos fliegen von Dach zu Dach.
Die Feuerwehr lässt Fernsehantennen
mit Schornsteinen um die Wette rennen.
Auf jedem Platz steht ein Verkehrspolizist,
der sagt dir, wo's noch verkehrter ist.

Hans Baumann

Das Märchen vom Schlaraffenland

Drei Meilen hinter Weihnachten liegt das Schlaraffenland,
auf dem Weg zum Paradies, gleich linker Hand.
Dort werden alle Armen reich. Wer in dieses Land kommen will,
muss sich durch einen Berg aus Hirsebrei essen.
Ist er hineingelangt, dann wird ihm nichts mehr misslingen.
Er wird allzeit wohl leben und von früh bis spät guter Dinge sein.
Die Häuser sind im Schlaraffenland mit Palatschinken gedeckt,
Türen und Wände aus Lebkuchen gebaut.
Ihr Kinder, zieht alle in dies Land, dort habt ihr
die Lebkuchen umsonst, die ihr hier so teuer bezahlen müsst!
Um jedes Haus ist ein Zaun aus Bratwürsten geflochten,
die sind schön braun gebraten.
Wer will, mag sie essen, es ist niemandem verboten.

Aus den Brunnen fließt süßer roter Traubensaft. Trinkt ihr den gern? Dann seht zu, dass ihr schnell ins Schlaraffenland kommt!

Fällt im Sommer ein Wetter ein,
so regnet's lauter Honig fein.
Alle, die gern schlecken,
die laufen in das Land hinein,
da haben sie zu lecken.

Im Winter, wenn es schneien tut,
so schneit es lauter Zucker gut,
gut Feigen und gut Mandel;
und wer sie gerne essen tut,
hat da einen feinen Handel.

Auf den Bäumen wachsen Buttersemmeln
und die Bäche führen Milch statt Wasser.
Die Semmeln fallen hinein und weichen sich fein selber ein.
Wohlauf, Gretel und Steffen, eilt zu dem Milchbach hin
und vergesst nicht einen großen Löffel!
Die Fische in den Teichen sind schon gebacken und gesotten.
Sie schwimmen ans Ufer und steigen an Land
um sich essen zu lassen.
In der Luft fliegen gebratene Hühner, Gänse und Tauben.
Wer zu faul ist, sie zu fangen,
dem fliegen sie von selbst ins Maul.
Die Schweine sind dort allejahr wohl geraten.
Sie laufen umher und sind schon gebraten.
Im Rücken steckt ihnen ein Messer.
Wer will, mag sich ein Stück herunterschneiden.

Ein warmes Bad ist auch in dem Land, das besitzt große Kräfte.
Alte Leute, die darin baden, werden sogleich wieder jung.
Ums Geld muss sich dort keiner abrackern.
Wer aber viel schläft, dem zahlt man für die Stunde einen Taler.

Wer tölpisch[1] ist und gar nichts kann,
der wird im Land zum Edelmann.
Und wer kein anderes Handwerk versteht
als Essen, Spielen, Schlafen,
den macht man bald zum Grafen.
Doch wer gilt als Erster im Schlaraffenland?
Der Allerfaulste! Er wird zum König ernannt.
Wollt ihr euch auf die Reise machen?
Ihr braucht nur einen Stummen zu fragen –
er wird den Weg euch sagen.

[1] dumm, ungeschickt

Reimar Gilsenbach

Heute ist verkehrte Welt

Heute ist verkehrte Welt.
In den Kühlschrank kommt das Geld
Und ins Portmonee[1] der Fisch.
Auf dem Pudding steht der Tisch.
Durch die Autos fahren Straßen,
Man riecht mit dem Ohr und hört
mit den Nasen.
Wo die Sonne scheint, ist Nacht.
Der Briefträger wird von der Post
gebracht.
Im Rettich liegen siebzehn Kisten.
Das Cello spielt auf dem Cellisten.
Vier Stühle hat ein gedrechseltes Bein.
Der Hund rennt durchs Haus
in die Tür hinein.
Die Frösche miauen,
die Katzen quaken.
Der Schmied hämmert Würste,
der Fleischer kocht Haken.
Die Gänse sind mager,
die Hummeln sind fett.
Die Kinder bringen die Eltern ins Bett.

[1] Geldbörse

Rainer Kirsch

Die Zeit vergeht

Mein Märchenvorleser

Papa
Sitzt manchmal
An meinem Bett
Und liest mir ein Märchen vor
Dabei rutscht ihm
Die Brille
Auf die Nase
Und die Augen
Fallen ihm zu
Wie schade
Wenn er an meinem Bett
Einschläft
Bevor der Märchenprinz
Die Prinzessin
Wach küssen konnte

Rainer Hohmann

Meine Urgroßeltern

Urgroßvater Daniel umsegelte die Welt noch mit einem Segelschiff. Viel haben er und seine Frau in ihrem langen Leben erfahren. Wir Enkel und Urenkel hörten ihnen gern zu, wenn sie erzählten, denn sie kannten viele Märchen, Geschichten, Sagen und Lieder. Heute habe ich selbst Enkel, denen ich Geschichten erzähle.

Heide Krahnepuhl

Die großen und die kleinen Fische

Tief unten auf dem Meeresgrund lebte einmal ein Schwarm großer Fische, die recht eingebildet waren und sich einen Spaß daraus machten, über die kleinen Fische herzuziehen.
„Ach, ihr armen, nutzlosen Wesen“, lästerten sie, „ihr seid so unscheinbar, dass man euch kaum sieht.“
Mitunter taten sie auch so, als wollten sie die kleinen Fische beschützen, und meinten: „Ihr seid wahrlich zu bedauern, dass ihr so winzig seid und den Tücken des Meeres nicht gewachsen.“
Aber als die Fischer eines Tages ihre Netze ins Meer auswarfen, waren die großen Fische plötzlich gefangen. Die kleinen hingegen konnten sich alle retten, indem sie geschickt durch die Maschen des Netzes hindurchschlüpften. Und dabei wurde ihnen klar, dass es gar kein Unglück war, klein zu sein …

nach Äsop

Das Kätzchen und die Stricknadeln

Es war einmal eine arme Frau, die in den Wald ging, um Holz zu sammeln. Als sie mit ihrem Bündel auf dem Rückweg war, sah sie ein krankes Kätzchen hinter einem Zaun liegen, das kläglich schrie.
Die arme Frau nahm es mitleidig in ihre Schürze und trug es nach Hause.
Ihre beiden Kinder liefen ihr entgegen, und als sie sahen, dass die Mutter etwas trug, fragten sie: „Mutter, was trägst du?“, und wollten gleich das Kätzchen haben; aber die mitleidige Frau gab den

Kindern das Kätzchen nicht, aus Sorge, sie möchten es quälen.
Sie legte es zu Hause auf alte, weiche Kleider und gab ihm Milch zu trinken. Als das Kätzchen sich gestärkt hatte und wieder gesund war, war es mit einem Male fort und verschwunden.

Nach einiger Zeit ging die arme Frau wieder in den Wald, und als sie mit ihrem Holzbündel auf dem Rückweg wieder an die Stelle kam, wo das kranke Kätzchen gelegen hatte, da stand eine ganz vornehme Dame dort, winkte die arme Frau zu sich und warf ihr fünf Stricknadeln in die Schürze.
Die Frau wusste nicht recht, was sie denken sollte, und meinte, das sei eine absonderliche Gabe; doch nahm sie die fünf Stricknadeln und legte sie abends auf den Tisch.
Aber als die Frau am nächsten Morgen aufwachte, da lag ein Paar neue, fertig gestrickte Strümpfe auf dem Tisch.
Das wunderte die Frau über alle Maßen und am nächsten Abend legte sie die Nadeln wieder auf den Tisch und am Morgen darauf lagen neue Strümpfe da.
Jetzt merkte sie, dass sie zum Lohn für ihr Mitleid mit dem kranken Kätzchen diese fleißigen Nadeln bekommen hatte, und ließ diese nun jede Nacht stricken, bis sie und die Kinder genug hatten.
Dann verkaufte sie auch Strümpfe und lebte ohne Sorgen bis an ihr seliges Ende.

Ludwig Bechstein (vereinfacht)

Vom Raben und Fuchs

Ein Rabe hatte einen Käse gestohlen
und setzte sich auf einen hohen Baum
und wollte ihn verzehren.
Da er aber, wie es seine Art ist,
nicht schweigen kann, wenn er isst,
hörte ihn ein Fuchs über dem Käse
krächzen und lief herzu und sprach:
„O Rabe, ich habe mein Lebtag
keinen schöneren Vogel gesehen als dich.
Wenn du auch eine so schöne Stimme hättest,
sollte man dich zum König der Vögel krönen.“
Den Raben kitzelte solches Lob
und Schmeicheln, er wollte seinen
schönen Gesang hören lassen,
und als er den Schnabel auftat,
entfiel ihm der Käse.
Den nahm behände der Fuchs,
fraß ihn und lachte über den Raben.
Hüt dich vor Schmeichlern.

Martin Luther

Das gute und das böse Tier

Ein Mäuschen kam ins Freie, spazieren zu gehen. Es tummelte sich auf dem Hof und kehrte dann wieder zur Mutter zurück.
„Weißt du, Mütterlein, ich habe zwei Tiere gesehen.
Ein grimmiges und ein gutmütiges."
Die Mutter fragte: „Wie sehen sie denn aus, diese Tiere?"
Das Mäuschen antwortete: „Das grimmige Tier ging auf dem Hof hin und her und hatte schwarze Füße, einen roten Schopf, Glotzaugen und eine gebogene Nase. Als ich an ihm vorbeikam, riss es den Rachen auf, erhob ein Bein und schrie so laut, dass ich vor Angst nicht wusste, wo ich bleiben sollte."
„Das war ein Hahn", erklärte die alte Maus. „Der tut niemand was zuleide, vor ihm brauchst du keine Angst zu haben.
Nun, und das andere Tier?"
„Das andere lag in der Sonne und wärmte sich. Es hatte einen weißen Hals, graue, glatte Pfötchen, beleckte seine weiße Brust und bewegte nur ein bisschen das Schwänzchen, als es mich sah."
Die alte Maus sagte: „Ach, du Närrin, du Närrin!
Das war doch die Katze."

Leo Tolstoi

Das Burggespenst

Es klappert
und plappert,
es wispelt
und lispelt,
es gleitet
und schreitet,
es tappt
und trappt,
es haspelt
und raspelt,
es schwatzt
und kratzt,
es flüstert
und knistert,
es scharrt
und knarrt,
es keift
und pfeift,
es saust
und braust,

es raunzt
und maunzt,
es schleicht
ganz leicht
und höhnt
und stöhnt,
es zischt
und wischt,
es weint
und greint,
es wimmert
und schimmert
und glitzert und glänzt,
das Burggespenst.
Es heult immer schlimmer
und trabt durch die Zimmer:
Tripp, trapp, hiiii, heeee!
Klipp, klapp, fliiii, fleeee!
Auf fahlem Ross
durchs Geisterschloss.

Josephine Hirsch

Und vorher?

„Erzähl mir was von Oma“, sagte Babsi.
„Die Oma ist tot“, sagte der Vater.
„Das weißt du doch.“
„Aber vorher“, sagte Babsi.

„Vorher war sie eine alte Frau. Sie hat auf einem Stuhl in der Sonne gesessen. Und wenn es regnete, saß sie am Fenster.“
„Und vorher?“, fragte Babsi.
„Vorher ist die Oma mit dem Opa verreist. Und eines Tages hat ihr Sohn gesagt, dass er jetzt nicht mehr so früh nach Hause kommen will.“

„Und vorher?“, fragte Babsi.
„Vorher hat die Oma mich in die Schule gebracht. Ich bin ja ihr Sohn. Auf dem Rückweg hat sie sich ein Eis gekauft und es auf der Straße gegessen. Manchmal ist sie mit dem Opa ins Theater gegangen. Und hin und wieder haben sie gestritten.“
„Und vorher?“, fragte Babsi.
„Vorher ist die Oma eine Mutter geworden und sie war froh darüber. Aber in dem Jahr hat sie zum ersten Mal nicht am Faschingsumzug teilgenommen, weil sie auf ihr Kind aufpassen musste.“

„Und vorher?“, fragte Babsi.
„Vorher hat die Oma den Opa geheiratet. Da haben sie sich oft lange in die Augen gesehen. In den Nächten haben sie eng beieinander gelegen.“

„Und vorher?“, fragte Babsi.
„Vorher ist die Oma ein junges Mädchen gewesen mit einer ganz glatten Haut. Sie ist gerne mit dem Fahrrad gefahren. Einmal war sie in Wien.“
„Und vorher?“, fragte Babsi.
„Vorher war die Oma ein Kind. Sie hat einen Hund gehabt, der Jip hieß. Mit fünf ist sie in den Fluss gefallen und beinah ertrunken. Am liebsten hat sie Perlen auf lange Fäden aufgezogen.“
„Und vorher?“, fragte Babsi.
„Vorher ist die Oma geboren worden“, sagte der Vater. „Sie ist aus dem Bauch ihrer Mutter auf die Welt gekommen und war ein winzig kleines Kind. Ja, und damit fing alles an.“

Gina Ruck-Pauquèt

Der Bauer und der Teufel

Es war einmal ein kluges und verschmitztes Bäuerlein, von dessen Streichen viel zu erzählen wäre; die schönste Geschichte ist aber doch, wie es den Teufel einmal drangekriegt und zum Narren gehabt hat.
Das Bäuerlein hatte eines Tages seinen Acker bestellt und rüstete sich zur Heimfahrt, als die Dämmerung schon eingetreten war. Da erblickte es mitten auf seinem Acker einen Haufen feuriger Kohlen, und als es voll Verwunderung hinzuging, so saß oben auf der Glut ein kleiner schwarzer Teufel. „Du sitzest wohl auf einem Schatz?“, sprach das Bäuerlein.
„Jawohl“, antwortete der Teufel, „auf einem Schatz, der mehr Gold und Silber enthält, als du dein Lebtag gesehen hast.“
„Der Schatz liegt auf meinem Feld und gehört mir“, sprach das Bäuerlein.
„Er ist dein“, antwortete der Teufel, „wenn du mir zwei Jahre lang die Hälfte von dem gibst, was dein Acker hervorbringt; Geld habe ich genug, aber ich trage Verlangen nach den Früchten der Erde.“
Das Bäuerlein ging auf den Handel ein.

„Damit aber kein Streit bei der Teilung entsteht“, sprach es,
„so soll dir gehören, was über der Erde ist, und mir, was unter der Erde ist.“
Dem Teufel gefiel das wohl, aber das listige Bäuerlein hatte Rüben gesät.
Als nun die Zeit der Ernte kam, so erschien der Teufel und wollte
seine Frucht holen, er fand aber nichts als die gelben welken Blätter
und das Bäuerlein, ganz vergnügt, grub seine Rüben aus.
„Einmal hast du den Vorteil gehabt“, sprach der Teufel,
„aber für das nächste Mal soll das nicht gelten.
Dein ist, was über der Erde wächst, und mein, was darunter ist.“
„Mir auch recht“, antwortete das Bäuerlein.
Als aber die Zeit zur Aussaat kam, säte das Bäuerlein nicht wieder Rüben,
sondern Weizen. Die Frucht ward reif, das Bäuerlein ging auf den Acker
und schnitt die vollen Halme bis zur Erde ab. Als der Teufel kam, fand er nichts
als die Stoppeln und fuhr wütend in eine Felsenschlucht hinab.
„So muss man die Füchse prellen“, sprach das Bäuerlein, ging hin
und holte sich den Schatz.

Gebrüder Grimm

Der Handschuh

Es war einmal ein alter Mann,
der ging in den Winterwald
und sein Hündchen lief hinterher.
Und wie er so ging, fiel sein
Handschuh in den Schnee.

Da kam ein Mäuslein angehuscht,
schlüpfte flink in den Handschuh
und piepste:
„Hier soll mein Häuslein sein!“

Bald stand ein Fröschlein
vor der Tür. Es fragte: „Wer wohnt
in diesem Handschuh hier?“
„Das Mäuslein Hurtigklein.
Und wer bist du?“

„Ich bin das Fröschlein Hüpfebein.
Lass mich bitte zu dir ein!“
„Nun schön, steig herein!“
Und sie machten es sich zu zweit
in dem Handschuh bequem.

Nicht lang darauf kam ein Häslein durch den Wald,
blieb vor dem Handschuh stehen und fragte:
„Wer wohnt in diesem Handschuh hier?“
„Das Mäuschen Hurtigklein, das Fröschlein Hüpfebein.
Und wer bist du?“
„Ich bin der Hase …“

Du kannst dein eigener
Märchendichter sein.
Denke dir aus, wer noch in dem Handschuh
wohnen möchte. Ob sich alle vertragen?
Was passiert wohl, wenn der Handschuh zu voll wird?

Als Uribert zum Waldfest flog

Im Kirchturm wohnte das Uhrenmännlein Uribert, das die große Kirchturmuhr überwachte. Weil die Uhr schon sehr alt war, musste das Männlein dem Zeiger jede Stunde einen Schubs geben und sie ging wieder richtig.

Eines Abends kam Eulalia, die Eule aus dem Dorfwald, angeflattert: „Komm mit zu unserem Fest, so ein wichtiger Mann wie du darf nicht fehlen." – „Unmöglich", bedauerte das Uhrenmännlein, „ich muss doch den Zeiger alle Stunden anschubsen." Eulalia beruhigte ihn: „Ich werde dich rechtzeitig heimbringen." So setzte sich Uribert auf die Eule und beide flogen zum Dorfwald.

Da war was los! Die Froschkapelle spielte, der Vogelchor sang, der Regenwurm tanzte mit dem Schmetterling und der Igel mit dem Häschen. Die Blumenelfen schenkten süßen Honigwein aus und der schmeckte dem Uribert! Plötzlich wurde er so müde, dass er unterm Fliegenpilz einschlief. Dort fand ihn die Eule und flog mit ihm in den Kirchturm zurück. Uribert war sofort munter, denn er dachte an seine Pflicht und sang:

„Jetzt geb ich schwips und schwups
dem Zeiger einen Schubs …"

Und am anderen Morgen kamen alle Kinder eine Stunde zu spät in die Schule, weil Uribert zwei volle Stunden unterm Fliegenpilz geschlafen hatte. Aber der Herr Lehrer hat nichts bemerkt. Seine Taschenuhr war nämlich auch nach der Kirchturmuhr eingestellt.

Erika Scheuering

In dieser Minute

In der Minute, die jetzt ist –
und die du gleich nachher vergisst,
geht ein Kamel auf allen vieren
im gelben Wüstensand spazieren.
Und auf den Nordpol fällt jetzt Schnee
und tief im Titicacasee
schwimmt eine lustige Forelle.
Und eine hurtige Gazelle
springt in Ägypten durch den Sand.
Und weiter weg im Abendland
schluckt jetzt ein Knabe Lebertran.
Und auf dem großen Ozean
fährt wohl ein Dampfer durch den Sturm.
In China kriecht ein Regenwurm
zu dieser Zeit zwei Zentimeter.
In Prag hat jemand Ziegenpeter[1]
und in Amerika ist wer,
der trinkt grad seine Tasse leer,
und in Australien – huhu –
springt aus dem Busch ein Känguru.
In Frankreich aber wächst ein Baum
ein kleines Stück, man sieht es kaum
und in der großen Mongolei
schleckt eine Katze Hirsebrei.
Und hier bei uns, da bist nun du
und zappelst selber immerzu
und wenn du das nicht tätest, wär
die Welt jetzt stiller als bisher!

Eva Rechlin (gekürzt)

[1] Mumps

Die Zeit

Man kann sie nicht riechen,
man kann sie nicht schmecken,
man kann sie einfach
nirgends entdecken.

Man kann sie vergeuden,
man kann sie vergessen.
Doch was man versäumt hat,
kann man nicht messen.

Man kann sie nicht kaufen,
man kann sie nicht borgen.
Man sucht das Gestern,
schon ist es morgen.

Man kann sie gut nutzen
und jemandem schenken,
und wenn man Zeit hat,
an sie denken.

Gerald Jatzek

Blätter an meinem Kalender

Habe ein heitres, fröhliches Herz
Januar, Februar und März,
sei immer mit dabei
in April und Mai,
kreische vor Lust,
in Juni, Juli, August,
habe Verehrer, Freunde und Lober
in September und Oktober,
und bleibe meine gute Schwester
bis zum Dezember und nächsten Silvester.

Theodor Fontane

Kalendermacher

Für den Kalender findest du im Lesebuch
Gedichte und Geschichten.
Suche dir aus, was dir gefällt!

Jahreszeitenkalender

Monatskalender

Du kannst auch selbst kleine Gedichte
für deinen Kalender schreiben.

Laternengedichte

Bei diesen Gedichten werden die Silben der Wörter
in den fünf Zeilen so angeordnet,
dass sie die Form einer Laterne bilden.

1. Zeile – 1 Silbe
2. Zeile – 2 Silben
3. Zeile – 3 Silben
4. Zeile – 4 Silben
5. Zeile – 1 Silbe

Elfchen

Diese Gedichte enthalten elf Wörter.

1. Zeile – 1 Wort	– eine Eigenschaft, zum Beispiel eine Farbe
2. Zeile – 2 Wörter	– etwas, was die Farbe hat
3. Zeile – 3 Wörter	– Bestimmung, wo es ist oder was es tut
4. Zeile – 4 Wörter	– etwas über sich selbst, beginnt oft mit „ich“
5. Zeile – 1 Wort	– abschließendes Wort

Ostereiersuchen

Kinder, Kinder!
Kommt herbei!
Suchen wir das Osterei.
Immerfort,
hier und dort
und an jedem Ort.
Ist es noch so gut versteckt,
endlich wird es doch entdeckt.
Hier ein Ei,
dort ein Ei,
bald sind's zwei und drei.

Heinrich Hoffmann von Fallersleben

Das Veilchen

Erst kommt der Star zurück, ein Weilchen
danach kommt auch das blaue Veilchen.
Es blüht versteckt,
wer es entdeckt,
den hat der Fühling aufgeweckt.

Heinz Kahlau

April, April!

Am Nachmittag, als wir unsere Schulaufgaben gemacht hatten,
lief Lasse zum Südhof und sagte zu Ole:
„Ole, ein Lumpensammler ist in den Nordhof gekommen.
Er kauft Steine auf.“
„Steine kauft er?“, fragte Ole, der ganz vergessen hatte,
dass erster April war. „Was denn für Steine?“
„Na, solche Steine, wie ihr sie hier im Garten habt“, sagte Lasse.
Und Ole fing an so viele Steine, wie er konnte, in einen Sack
zu sammeln. Und dann hastete er mit dem vollen Sack
zum Nordhof. Dort war wirklich ein Mann, aber der kaufte
nur Lumpen und Flaschen.
„Bitte, hier haben Sie noch meine Steine“, sagte Ole.
Er schleppte dem Mann den Sack entgegen und sah ganz
verzückt aus.
„Steine?“, fragte der Mann und begriff nicht. „Sagtest du Steine?“
„Und ob“, sagte Ole und sah noch verzückter aus.
„Richtige, prima Feldsteine sind es. Ich habe sie selbst
in unserem Garten aufgesammelt.“
„Ach so“, sagte der Mann, „da haben sie dich aber
schön angeführt, mein kleiner Freund.“
Da erinnerte sich Ole, dass ja erster April war.
Sein Gesicht lief rot an und er nahm den Sack über die Schulter
und zog damit wieder nach Hause, ohne ein Wort zu sagen.
Aber hinter dem Zaun stand Lasse
und schrie laut: „April, April!“

Astrid Lindgren

Sommer

Weißt du, wie der Sommer riecht?
Nach Birnen und nach Nelken,
nach Äpfeln und Vergissmeinnicht,
die in der Sonne welken,
nach heißem Sand und kühlem See
und nassen Badehosen,
nach Wasserball und Sonnenkrem,
nach Straßenstaub und Rosen.

Weißt du, wie der Sommer schmeckt?
Nach gelben Aprikosen[1]
und Walderdbeeren, halb versteckt
zwischen Gras und Moosen,
nach Himbeereis, Vanilleeis
und Eis aus Schokolade,
nach Sauerklee vom Wiesenrand
und Brauselimonade.

Weißt du, wie der Sommer klingt?
Nach einer Flötenweise,
die durch die Mittagsstille dringt,
ein Vogel zwitschert leise,
dumpf fällt ein Apfel in das Gras,
ein Wind rauscht in den Bäumen,
ein Kind lacht hell, dann schweigt es schnell
und möchte lieber träumen.

[1] Marillen

Ilse Kleberger

Ein Sommertag im Zoo

Ein Sommer vor vielen Jahren. Anna feierte ihren sechsten Geburtstag. Schon lange hat sie sich gewünscht, an diesem Tag in den Zoo zu gehen. Es ist Sonntag und sehr heiß. Deshalb dürfen Anna und ihre kleine Schwester Sonnenhüte tragen. Außerdem hat Anna sich gewünscht, dass ihre Mutter ebenfalls etwas Weißes anzieht, damit sie sich noch ähnlicher sehen. Denn alle drei haben die gleichen rötlich braunen Haare. Im Zoo merken sie, dass die Felle des Rehs und der beiden Antilopen ebenfalls diesen Farbton haben: ein schönes, sanftes Braun. Eigentlich ist alles an diesem Nachmittag in ein sanftes Licht getaucht. Nichts ist grell, nichts ist laut. Weder die Tiere noch die Menschen haben Lust sich zu bewegen. Die Mutter betrachtet das Reh, während Anna sich schon zu den beiden Pelikanen umgedreht hat. Die können wenigstens mit den Füßen im Wasser stehen und haben es ein wenig kühler. Das zeigen uns auch die kühlen Farben Weiß und Blau. Im Hintergrund spazieren Männer in dunklen Sonntagsanzügen und mit Melonenhüten auf dem Kopf herum.

Astrid von Friesen

Drachen steigen lassen

Im Herbst, wenn ein starker Wind weht,
lassen die Kinder bei uns ihre Drachen steigen.
Zuerst haben das aber die Kinder in Japan getan.
Sie malen den Drachen Gesichter auf
oder geben ihnen die Formen von Tieren.
Manche sehen dann aus wie Vögel, Schmetterlinge
oder Libellen. Es gibt aber auch Tiger
und richtige Drachen. Das macht das Spiel
mit den Drachen noch viel lustiger.

Manchmal gibt es auch Wettkämpfe
zwischen den Kindern. Sie schmieren die Schnur
ihrer Drachen mit Glasstaub ein. Jedes versucht
den Drachen des anderen zum Absturz zu bringen.
Wenn dann die Schnur zerreißt, fliegt einer
der schönen Drachen davon!

Joker Altus

Was der Nebel fertig bringt

Liesl geht mit ihrem Vater spazieren.
Im allerdicksten Nebel!
„Nebel ist das Allerlangweiligste“, sagt die kleine Liesl.
„Finde ich nicht“, sagt der Vater.
„Wieso nicht?“
„Überleg doch nur, was der Nebel alles fertig bringt!“,
sagt der Vater.
„Er setzt jedem Busch einen Zauberhut auf
und die Büsche sind nicht mehr zu sehen.
Er setzt jedem Haus einen Zauberhut auf
und die Häuser sind nicht mehr zu sehen.
Jedem Berg, jedem Hund, jeder Katze, jedermann
setzt der Nebel einen Zauberhut auf!“
„Und sie alle sind nicht mehr zu sehen“, sagt
die kleine Liesl.
„Und jetzt kommt das Tollste“, fährt der Vater fort.
„Zuletzt setzt er sich selbst einen Zauberhut auf –
und wer ist nun nicht mehr zu sehen?“
„Der Nebel.“
„Richtig!“, sagt der Vater. „Der Nebel ist dann weg,
aber alles andere ist wieder da: die Büsche,
die Bäume, die Häuser, die Berge, alle Katzen,
alle Leute – und das findest du langweilig?“
„Man kann sich ja mal täuschen“, sagt die kleine Liesl.

Hans Baumann

Es schneit

Es schneit, juchhe, es schneit,
Schneeflocken weit und breit!
Ein lustiges Gewimmel
kommt aus dem grauen Himmel.

Was ist das für ein Leben!
Sie tanzen und sie schweben,
sie jagen sich und fliegen,
der Wind bläst vor Vergnügen.

Und nach der langen Reise,
da setzen sie sich leise
aufs Dach und auf die Straße
und dir frech auf die Nase.

Volksgut

Heilige Nacht

So ward der Herr Jesus geboren
im Stall bei der kalten Nacht.
Die Armen, die haben gefroren,
den Reichen war's warm gemacht.

Sein Vater ist Schreiner gewesen,
die Mutter war eine Magd.
Sie haben kein Geld nicht besessen,
sie haben sich wohl geplagt.

Kein Wirt hat ins Haus sie genommen;
sie waren von Herzen froh,
dass sie noch im Stall sind gekommen.
Sie legten das Kind auf Stroh.

Die Engel, die haben gesungen,
dass wohl ein Wunder geschehn,
da kamen die Hirten gesprungen
und haben es angesehn.

Die Hirten, die will es erbarmen,
wie elend das Kindlein sei.
Es ist eine G'schicht für die Armen,
kein Reicher war nicht dabei.

Ludwig Thoma

Das wünsch ich dir zum neuen Jahr

Das wünsch ich dir:
Das größte Kuchenstück
und sieben Zentner Glück
und einen seidenweichen Traum
und einen eig'nen Apfelbaum
und noch ein Kuscheltier.
Das wünsch ich dir!

Das wünsch ich dir!
Fast immer Sonnenschein
und selten traurig sein.
Und wird es dir einmal zu heiß,
wünsch ich dir rosa Erdbeereis
und einen Kuss von mir.
Das wünsch ich dir!

Das wünsch ich dir!
Ein Stück Geborgenheit
und hergeschenkte Zeit.
Dass dann, wenn's nicht mehr weitergeht,
es einen gibt, der zu dir steht
und klingelt an der Tür.
Das wünsch ich dir!

Rolf Krenzer

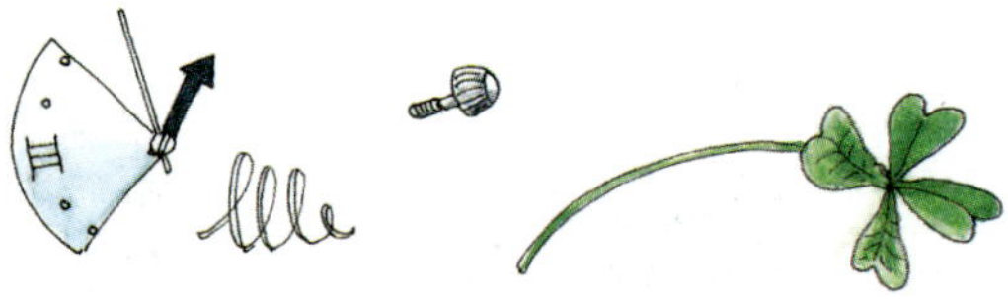

Ravensburger
Kinderjahr

Das kleine Leselexikon zum Nachschlagen, Lesen und Weiterschreiben

ABC ABC … und so weiter bis XYZ. 26 Buchstaben hat das deutsche ABC. Es wird auch Alphabet genannt. Wer es nicht kann, muss lange suchen, ehe er etwas in einem Inhaltsverzeichnis, im Wörterbuch oder im Telefonbuch findet.

Autor/Autorin Das Wort kommt aus der lateinischen Sprache und heißt Verfasser. Autorinnen und Autoren verfassen Geschichten, Gedichte, Liedertexte, Theaterstücke, Hörspiele, Zeitungsartikel, Bücher … Manchmal werden sie auch Schriftsteller oder Dichter genannt. Wie die Autoren in deinem Lesebuch heißen, kannst du unter den Texten oder im Inhaltsverzeichnis lesen.

Buch Ein Buch besteht aus mehreren beschriebenen, bemalten oder auch bedruckten Blättern. Diese Blätter werden zwischen zwei Deckeln zusammengebunden.
Es gibt Bilderbücher, Lesebücher, Märchenbücher, Kochbücher, Liederbücher, Tierbücher …

Bücherwurm Als Bücherwurm bezeichnet man einen Menschen, der gern und viel liest. Man sagt auch, er frisst sich durch die Bücher hindurch. Ein Tier namens Bücherwurm gibt es nicht.

Comic Comic ist das Kurzwort für Comicstrip. Der Comic ist eine komische und abenteuerliche Bilderfolge in Streifen. Kleine Texte stehen in Sprechblasen. Ein Beispiel findest du im Lesebuch auf Seite 62.

Dichter/Dichterin siehe Autor/Autorin

Erzählung Mutti oder Vati erzählen mir eine Gute-Nacht-Geschichte, Großvater erzählt von früher. Mein kleiner Bruder erzählt sein Erlebnis mit einem großen Hund. All das sind Erzählungen.
Im Lesebuch stehen auch viele Erzählungen, Geschichten, Märchen, Fabeln.

Elfchen	Elfchen sind eine besondere Gedichtform. Beispiele findest du im Lesebuch auf Seite 151.
Eselsohren	So heißen eigentlich die Ohren des Esels. Eselsohren nennt man aber auch die umgeknickten Ecken von Buchseiten.
Fabel	Das Wort kommt aus der lateinischen Sprache und bedeutet so viel wie erdichtete Geschichte. In diesen Geschichten begegnen sich meistens Tiere, die wie Menschen handeln und sprechen. Fabeln wollen eine Lehre erteilen. Ein Beispiel für eine Fabel findest du im Lesebuch auf Seite 136.
Hörspiel	Für das Hörspiel braucht man gute Ohren. Man muss nämlich nicht nur den Sprechern lauschen, sondern auch auf die Geräusche und die Musik hören. Hörspiele sind nach der Erfindung des Rundfunks entstanden. Heute hört man Hörspiele im Radio oder von einer Schallplatte, Kassette oder CD.
Illustrator/ Illustratorin	Illustratorinnen und Illustratoren sind Künstlerinnen und Künstler, die Bilder für Bücher zeichnen oder malen.
Inhaltsverzeichnis	Fast jedes Buch oder jede Zeitschrift hat vorn oder hinten eine Inhaltsübersicht. Dort findet man, was auf welcher Seite steht.
Kinderbibliothek	Die Kinderbibliothek ist 1. der Name für eine Sammlung und 2. für ein Gebäude, in dem sich die Sammlung befindet. In der Kinderbibliothek oder Kinderbücherei werden vor allem Kinderbücher, aber auch Comics, Zeitschriften, Schallplatten, Kassetten, CDs und Spiele gesammelt, geordnet aufgestellt und ausgeliehen. Wenn man etwas ausleihen will, bekommt man einen Leserausweis.
Leporello	Das ist ein Buch, das sich wie eine Ziehharmonika auseinander ziehen lässt. Du kannst es selbst herstellen, indem du einen Streifen aus Karton oder Zeichenpapier wie eine Ziehharmonika faltest.

Leseratte Die Leseratte ist eine Verwandte des Bücherwurms.

Märchen Als es noch kein Fernsehen, ja noch nicht einmal gedruckte Bücher gab, erzählte man sich an den langen Winterabenden Märchen. Solche (Volks-)Märchen haben die Brüder Grimm vor fast zweihundert Jahren gesammelt. Ein Märchen der Brüder Grimm findest du im Lesebuch auf den Seiten 142 und 143. In den Märchen werden meist die Bösen bestraft und die Guten belohnt.

Pantomime Du hast zum Beispiel beim Fußballspielen ein Tor geschossen. Das willst du deinen Freunden vorspielen. Wenn du das tust und dabei nicht sprichst, dann machst du Pantomime. Anregungen für Pantomime findest du im Lesebuch auf Seite 45.

Quiz Mit deinem Leselexikon kannst du ein Spiel spielen. Das heißt Quiz (sprich: kvis). Es ist ein Frage-Antwort-Spiel. Spielen kannst du es mit Freunden und Freundinnen oder mit deiner Familie. Und so kann man fragen:

Was sind Eselsohren?
Wie stellt man ein Leporello her?
Was geschieht, wenn man das ABC nicht kann?

Rätsel Rätsel stellen unseren Scharfsinn auf die Probe. Sie umschreiben Dinge, Wörter oder Vorgänge und wir müssen sie erraten. Gleich das erste Kapitel des Lesebuches beginnt mit einem Rätsel. Ganze Rätselrunden findest du auf den Seiten 95 und 98.

Schriftsteller/ Schriftstellerin siehe Autor/Autorin

Theater Im Theater treten Schauspielerinnen und Schauspieler auf einer Bühne auf und spielen den Zuschauern ein lustiges oder trauriges Stück vor. Dabei sprechen oder singen sie. Die Zuschauer sehen und hören den Schauspielern zu. Manchmal spielen sie auch mit. Im Kasperltheater können die Zuschauer erleben, wie der Kasperl den Teufel besiegt.

Titel Titel sind wichtig. Der Titel eines Buches verrät meistens schon, was den Leser oder die Leserin des Buches erwartet. Die Titel der Lesebuchtexte findest du alle im Inhaltsverzeichnis.

Vers Vers nennt man die einzelne Zeile eines Gedichtes. Jeder Vers hat einen bestimmten Rhythmus. Man muss den Vers sprechen, um den Rhythmus zu spüren. Mehrere Verse zusammen bilden eine Strophe.

Zeitung Zeitungen sind Nachrichtenblätter, die täglich oder wöchentlich erscheinen. Sie melden die wichtigsten Tagesereignisse und zeigen dazu oft Fotos. Es wird über Ereignisse im eigenen Land und im Ausland berichtet, über Politik, Wirtschaft, Sport und Kultur. Außerdem gibt es einen Anzeigenteil. Manche Zeitungen haben auch Kinderseiten.

Zungenbrecher Zungenbrecher sind kleine Sprüche, in denen die Anfangsbuchstaben vieler Wörter gleich sind. Man muss sie ganz schnell sprechen und soll sich dabei nicht versprechen, sich also nicht die Zunge brechen.

Hast du es gewusst? Rätselauflösungen

Seite 9: Die Schule

Seite 12: Bärbel, Walter, Bettina, Sebastian, Angelika, Rosemarie

Seite 22: Die Ampel

Seite 72: Weidenkätzchen

Seite 73: Der Laubbaum

Seite 81: Ameise

Seite 95:  Die Zunge, der Stuhl

 Der Frosch, die Sonne

 Fingerhandschuhe, das Wasser

 Die Schwalbe, der Schlitten

Verfasser- und Quellenverzeichnis

(S. 22) **Abraham, Peter:** Ich bin der Niki. Aus: Peter Abraham, ABC, lesen tut nicht weh. Der Kinderbuchverlag Berlin 1975.
(S. 156) **Altus, Joker:** Drachen steigen lassen. Aus: Wie die Kinder spielen. Gemeinschaftsausgabe von Corvina Kiado Budapest und Hoch-Verlag Düsseldorf, Printed in Hungary, 1984.
(S. 9) **Arndt, Marga/Singer, Waltraut:** Viele Fenster und auch Türen. Aus: Fingerspiele und Rätsel für Vorschulkinder. Verlag Volk und Wissen Berlin 1979.
(S. 133) (nach) **Äsop:** Die großen und die kleinen Fische. Aus: Märchenzauber. Hrsg.: Anne Marie Dalmais. Franz Schneider Verlag GmbH München 1988.
(S. 58/59, gekürzt) **Auböck, Monika:** Das war knapp! Aus: Kleines Volk, September 2000.
(S. 88, S. 126, S. 157) **Baumann, Hans:** (S. 88) Ferienkoffer. Aus: Bilder und Gedichte für Kinder. Georg Westermann Verlag 1990. (S. 126) Im Lande verkehrt. Aus: Helmut Zöpfl und Petra Moll, Die schönsten Kindergedichte, W. Ludwig Verlag Pfaffenhofen 1979. (S. 157) Was der Nebel fertig bringt. Aus: Hans Baumann, Kinderland kennt keine Grenzen. Loewes Verlag Bayreuth 1982.
(S. 134/135) **Bechstein, Ludwig:** Das Kätzchen und die Stricknadeln. Aus: Bunte Märchenwelt (Kalender) Bild und Heimat Reichenbach i. V. 1980.
(S. 57) **Beier, Rosemarie:** Die Reise in den Kleiderschrank. Aus: Kleidung. Kleidung von oben bis unten, drunter und drüber. Hrsg.: Rosemarie Beier. Verein zur Förderung der Ökologie im Bildungsbereich e. V., in Zusammenarbeit mit dem Verlag Die Schulpraxis, Berlin 1988.
(S. 90/91) **Binder, Uli:** Wir fahren in andere Länder – doch wie sprechen wir miteinander? Aus: Spatzenpost, Heft 10, Juni 2000.
(S. 51) **Blum, Lisa-Marie:** Kemal. Aus: Texte dagegen. (Gulliver Taschenbuch 716) Hrsg.: Silvia Bartholl. Beltz Verlag Weinheim und Basel 1993.
(S. 116) **Brandes, Sophie:** Lena, wohin fliegst du? Ellermann Verlag München 1992.
(S. 48–50) **Bräunling, Elke:** Kerli. Aus: Ich komme von woanders her. Hrsg.: Rolf Krenzer. Georg Bitter Verlag Recklinghausen 1991.
(S. 31, S. 54) **Bydlinski, Georg:** (S. 31) Rabengeschichte. Aus: Bruder Löwenzahn und Schwester Maus. Hrsg.: U. Andresen und M. Popp. Ravensburger 1989. (S. 54) Feste feiern. Aus: Georg Bydlinski, Der Mond heißt heute Michel. Herder Verlag Freiburg 1981.
(S. 16) **Christen, Victor:** Das Geheimnis der acht Zeichen. Nach: Eric Carle, Das Geheimnis der acht Zeichen. Ein Spiel-Bilder-Buch. (Deutsche Textfassung von Victor Christen) Gerstenberg Verlag Hildesheim 1991.
(S. 80) **Cratzius, Barbara:** Die Marienkäfer sind da! Aus: Barbara Cratzius, Uns gefällt die Frühlingszeit. Herder Verlag Freiburg im Breisgau 1993.
(S. 114) **Dietl, Erhard:** Wenn ich groß bin. Aus: Erhard Dietl, Wenn ich groß bin. Verlag Friedrich Oetinger Hamburg 1993.
(S. 32) **Ende, Michael:** Beim Heulen zu sagen. Aus: Rosen, Tulpen, Kieselstein – komm wir wollen Freunde sein. Hrsg.: Dorothée Kreusch-Jacob. Ellermann Verlag München 1989.
(S. 36) **Englisches Gedicht:** Zehn in einem Bett. Aus: Fisher-Price, Lernen ist lustig. Time life Kinderbibliothek, o. J.
(S. 61) **Ehret, Angelika:** Der Unterschied. Aus: Was für ein Glück. 9. Jahrbuch der Kinderliteratur. Hrsg.: Hans-Joachim Gelberg. Beltz Verlag Weinheim und Basel 1993.
(S. 115) **Ehrhardt, Monika/Lakomy, Reinhard:** Der Traumzauberbaum. Aus: Der Traumzauberbaum. (Geschichtenlieder). Edition Peters Leipzig/ Dresden 1985.
(S. 152) **Fallersleben, Heinrich Hoffmann von:** Ostereier suchen. Aus: Kinderzeit im Festtagskleid. Herder Verlag Freiburg, Basel, Wien 1993.
(S. 42) **Ferra-Mikura, Vera:** Wann wird der Batman endlich zimmerrein? Aus: Warum nicht gleich ein Kamel? Hrsg.: Jutta Modler. Herder & Co. Wien 1991.
(S. 52) **Fischbach, Wolfgang:** Liebe. Aus: Überall und neben dir. Beltz Verlag Weinheim und Basel 1986.
(S. 43) **Fisher-Price:** Gute Freunde. Aus: Fisher-Price, Lernen ist lustig. Kleine und große Tiere. Time life Kinderbibliothek Amsterdam 1990.
(S. 74) **Feustel, Günther:** Im Wald der verhexten Tiere. Aus: ABC-Zeitung 10/91.
(S. 149) **Fontane, Theodor:** Hab ein heitres, fröhliches Herz. Aus: Kinderzeit im Festtagskleid. Hrsg.: Ilse Walter. Herder Verlag Freiburg, Basel, Wien 1993.
(S. 155) **Friesen, Astrid von:** Ein Sommertag im Zoo. Aus: Astrid Friesen, Tiere mit anderen Augen sehen. Kinderbuchverlag Luzern 1993.
(S. 12) **Gärtner, Hans:** Wie heißen diese Kinder? (Originaltitel: Wer trifft sich da in welcher Stadt? gekürzt) Aus: Duden Schülerhilfen, Lesespiele. Dudenverlag Mannheim, Leipzig, Wien, Zürich 1986.
(S. 110/111) **Geelhaar, Anne:** Das erste Konzert. Aus: Anne Geelhaar und Gertrud Zucker, Komm lieber Mai und mache. Der Kinderbuchverlag Berlin 1979.
(S. 142/143) **Gebrüder Grimm:** Der Bauer und der Teufel. Aus: Jakob und Wilhelm Grimm, Grimms Märchen.
(S. 127–129) **Gilsenbach, Reimar:** Das Märchen vom Schlaraffenland. Aus: Reimar Gilsenbach, Der ewige Sindbad. Der Kinderbuchverlag Berlin o. J.

(S. 96/97) **Gissler, Dorli,** Süße Sachen aus anderen Ländern. Aus: Dorli Gissler, Süße Sachen. Altberliner Verlag 1983.
(S. 121) **Goethe, Johann Wolfgang von:** Hexeneinmaleins. Aus: Faust I. (In: Goethe. Berliner Ausgabe, Bd. IV) Aufbau Verlag 1965.
(S. 99) **Grosz, Christiane:** Schwere Last. Aus: Katze im Sack. Der Kinderbuchverlag Berlin 1985.
(S. 53) **Gündisch, Karin:** Stefan. Aus: 8. Jahrbuch der Kinderliteratur. Hrsg.: Hans-Joachim Gelberg. Beltz Verlag Weinheim und Basel 1988.
(S. 44, S. 63) **Guggenmos, Josef:** (S. 44) Weinen und Lachen. Aus: Oh, Verzeihung sagte die Ameise. Beltz Verlag Weinheim und Basel 1990. (S. 63) Wenn Riesen niesen. Aus: Überall und neben dir. Beltz und Gelberg 1994.
(S. 33, S. 123) **Hacks, Peter:** (S. 33) Es war ein kleiner Junge. Aus: Peter Hacks, Der Flohmarkt. Der Kinderbuchverlag Berlin 1965. (S. 123) Zauberstab und Zauberhut. Aus: Zur Schule geh ich seit drei Tagen. Der Kinderbuchverlag Berlin 1973.
(S. 20/21) **Härtling, Peter:** Schimpfeln. Aus: Peter Härtling, Sofie macht Geschichten. Beltz Verlag Weinheim und Basel o. J.
(S. 22, S. 103, S. 113) **Herold, Gottfried:** (S. 103, S. 113) Berufe (Die Kindergärtnerin u.a.). Aus: Gottfried Herold, Landung auf dem Fußballplatz oder Was willst du werden? Verlag Junge Welt Berlin 1982. (S. 22) Sie steht an der Straßenkreuzung. Aus: Gottfried Herold, Die Giraffe Emma Langbein. Der Kinderbuchverlag Berlin 1971.
(S. 138/139) **Hirsch, Josephine:** Das Burggespenst. Aus: Im Zauberwald. Herder & Co. Wien 1989.
(S. 18/19, S. 63, S. 120, S. 121) **Hofbauer, Friedl / Melach, Anna:** (S. 121) HEXEN HEXEN WAS? (S. 63) Schnupfengedicht, (S. 18/19) Wenn ein Löwe in die Schule geht. Aus: Friedl Hofbauer und Anna Melach, Katzenbettgemisch. Verlag Carl Ueberreuter Wien 1993. (S. 120) Die Gespinster. Aus: Friedl Hofbauer und Anna Melach, Katzenbettgemisch. Verlag Carl Ueberreuter Wien 1993.
(S. 81) **Hoffmann, Traudel:** Aus den Eiern ..., Rätsel. Aus: Kribbel-Krabbel. Aus dem Leben der Roten Waldameisen. Rudolf Arnold, Leipzig 1967.
(S. 131) **Hohmann, Rainer:** Mein Märchenvorleser. Aus: Die Raupenbücher. Meine Familie und deine? Hrsg.: Rolf Krenzer. Georg Bitter Verlag KG Recklinghausen 1991.
(S. 11, S. 104/105) **Hüttner, Hannes:** (S. 104/105) Bei der Feuerwehr wird der Kaffee kalt. Aus: Hannes Hüttner, Bei der Feuerwehr wird der Kaffee kalt. Der Kinderbuchverlag Berlin 1969. (S. 11) Was ich alles kann. Aus: Frau Zwei kaut Schokolade. Hrsg.: Ursula Ringer. Der Kinderbuchverlag Berlin 1989.
(S. 40, S. 124) **Janisch, Heinz:** (S. 40) Wenn Anna Angst hat ... Verlag Jungbrunnen Wien 2002. (S. 124) Der Bettler und der König. Aus: Ernst A. Ekker und Gerhard Hofer (Hrsg.), Ich bau mir ein Nest. In: Jutta Kleedorfer/Margrit Mayer/Ernst Tumpold: Lesen mit Lust und Hirn. hpt-Verlagsgesellschaft m. b. H. & Co. KG Wien 1996.
(S. 148) **Jatzek, Gerald:** Die Zeit. Aus: Was für ein Glück. 9. Jahrbuch der Kinderliteratur. Hrsg.: Hans-Joachim Gelberg. Beltz Verlag Weinheim und Basel 1993.
(S. 14) **Joosten, Michael:** Gute Nacht mit B. Aus: Was für ein Glück. 9. Jahrbuch der Kinderliteratur. Hrsg.: Hans-Joachim Gelberg. Beltz Verlag Weinheim und Basel 1993.
(S. 152) **Kahlau, Heinz:** Das Veilchen. Aus: Sieben Blumensträuße. Hrsg.: Hans-Otto Thiede. Verlag Volk und Wissen Berlin 1987.
(S. 130) **Kirsch, Rainer:** Heute ist verkehrte Welt. Aus: Rainer Kirsch/Hans Ticha: Heute ist verkehrte Welt. Der Kinderbuchverlag Berlin 1986.
(S. 154) **Kleberger, Ilse:** Sommer. Aus: A. Braun, Das große Vorlesebuch für das ganze Jahr. Arena Verlag Würzburg 1993.
(S. 84, S. 85) **Komarek, Alfred:** (S. 84, gekürzt) Ich glaube, du glaubst. Aus: Wolfgang Schüssel und Alfred Komarek, Das rotweißrote Weltkugelbuch. Ueberreuter Wien 1998. (S. 85, bearbeitet) Die Welt ist groß – die Welt ist klein. Aus: Wolfgang Schüssel und Alfred Komarek, Das rotweißrote Weltkugelbuch. Ueberreuter Wien 1998.
(S. 160) **Krenzer, Rolf:** Das wünsch ich dir zum neuen Jahr. Aus: Rolf Krenzer, Ich freu mich auf die Weihnachtszeit. Verlag Heinrich Ellermann München 1994.
(S. 17, S. 66) **Kreusch-Jacob, Dorothée:** (S. 17) Geheimschrift. Aus: Rosen, Tulpen, Kieselstein – komm wir wollen Freunde sein. Verlag Heinrich Ellermann München 1989. (S. 66) Fünf Pechvögel. Aus: Der Bärendoktor hilft bestimmt. Verlag Heinrich Ellermann München 1992.
(S. 14, S. 81, S. 88) **Krüss, James:** (S. 14) Stundenplan. Aus: Von Apfelbaum bis Zirkuszelt: ein buntes ABC der Welt. Dudenverlag Mannheim, Leipzig, Wien, Zürich 1994. (S. 81) Ameisenkinder. Aus: Der fliegende Teppich. Verlag Friedrich Oetinger Hamburg 1976. (S. 88) Spruch für einen ... Aus: Bilder und Gedichte für Kinder. Georg Westermann Verlag 1990.
(S. 41) **Krüger, Sara:** Angst. Aus: 8. Jahrbuch der Kinderliteratur. Beltz Verlag Weinheim und Basel 1988.
(S. 29) **Kunze, Reiner:** Die Sonntagmorgenmeise. Aus: Wohin der Schlaf sich schlafen legte. (Fischers Schatzinsel) Hrsg.: Klaus Humann. Fischer Taschenbuchverlag GmbH Frankfurt am Main 1994.
(S. 64/65) **Landa, Norbert:** Die Brummels. Aus: Spiel mit 3/94.
(S. 26/27) **Leiter, Hilde:** Nikl zieht sich an. Aus: Hilde und Helmut Leiter, Erzähl uns was. Hrsg.: Silvia Bayr-Klimpfinger und Agnes Niegl. Österreichischer Bundesverlag Wien 1966.
(S. 30) **Lindemann, Werner:** Erwachsene dürfen wohl alles.

Aus: Werner Lindemann, Tüftelchen. Der Kinderbuchverlag Berlin 1989.
(S. 153) **Lindgren, Astrid:** April, April. Aus: Astrid Lindgren, Mehr von uns Kindern aus Bullerbü. Oetinger Verlag Hamburg 1968.
(S. 100–102) **Lionni, Leo:** Swimmy (deutsch von James Krüss). Gertraud Middelhauve Verlag Köln 1964.
(S. 46/47) **Lobe, Mira/Welsh, Renate:** Lutz und Lene oder: Weil du ein Mädchen bist. Aus: Kindernest. Herder Wien 1979.
(S. 73) **Lunghard, Bernd:** Naturwunder. Aus: Albert's bunte Bilderbude (Bd. 3). Hrsg.: Armin Wohlgemuth. Der Kinderbuchverlag Berlin 1990.
(S. 136) **Luther, Martin:** Vom Raben und Fuchs. Aus: Alice und Karl Heinz Berger, In der Sonne steht der Hahn. Der Kinderbuchverlag Berlin 1983.
(S. 17) **Maar, Paul:** Wettest du gern? Ja? Aus: Paul Maar, Onkel Florians fliegender Flohmarkt. Verlag Friedrich Oetinger Hamburg 1977.
(S. 14) **Manz, Hans:** Das A und das U. Aus: Hans Manz, Lieber heute als morgen. Beltz Verlag Weinheim und Basel 1988.
(S. 38/39) **Mayer-Skumanz, Lene:** Jakob will gut sein. Nach: Lene Mayer-Skumanz, Jakob und Katharina. Herder & Co. Wien 1981.
(S. 56, S. 74) **Morgenstern, Christian:** (S. 56) Das neue Spiel. Aus: Christian Morgenstern, Werke und Briefe in 5 Bänden, Bd. 3 Humoristische Lyrik. Hrsg.: Maurice Cureau. Verlag Urachhaus Johannes M. Mayer GmbH, Stuttgart 1990. (S. 74) Die zwei Wurzeln. Aus: Gesammelte Werke in 1 Band. Piper Verlag 1996.
(S. 67) **Mucke, Dieter:** Bild. Aus: Freche Vögel. Der Kinderbuchverlag Berlin 1977.
(S. 70) **Nitsch, Cornelia:** Was Hände können. Aus: Lirum ... Larum ... Fingerspiel. Mosaik Verlag GmbH München 1994.
(S. 34, S. 60) **Nöstlinger, Christine:** (S. 34) Mini hat Moritz trotzdem lieb. Aus: Christine Nöstlinger, Mini erlebt einen Krimi. Dachs-Verlag G.m.b.H. 1996, und Mini ist verliebt. Dachs-Verlag G.m.b.H. 1999. (S. 60) Ein angenehmer Hausarrest. Aus: Christine Nöstlinger, Krankengeschichten vom Franz. Verlag Friedrich Oetinger Hamburg 1998.
(S. 95) **Ohms, Hans Herbert u. a.:** Türkei, China. Aus: Der dicke Hund 1992 für alle Kinder. Hrsg.: Hans-Joachim Gelberg. Beltz Verlag Weinheim und Basel 1991. Polen und Ungarn. Aus: Reisekutsche. Hrsg.: Waltraud Singer und Marga Arndt. Verlag Volk und Wissen Berlin 1984.
(S. 54) **Petri, Walter:** Ein Gespenst. Aus: Humbug ist eine Bahnstation. Der Kinderbuchverlag Berlin 1978.
(S. 117) **Pichler, Werner:** Überraschender Besuch. Aus: Was für ein Glück. 9. Jahrbuch der Kinderliteratur. Hrsg.: Hans-Joachim Gelberg. Beltz Verlag Weinheim und Basel 1993.
(S. 62) **Pousset, Raimund:** Wasser ist nass. Aus. Die Wundertüte. Rohwolt Taschenbuchverlag GmbH Reinbek 1992.
(S. 57) **Rathenow, Lutz:** Ich freu mich. Aus: Sterne jonglieren. Ravensburger Buchverlag o. J.
(S. 86) **Recheis, Käthe/Hofbauer, Friedl:** Komm, kleiner Indianer. Kerle im Verlag Herder Freiburg, Wien 1999.
(S. 147) **Rechlin, Eva:** In dieser Minute. Aus: „treff"-Schülerbuch 1990. Velber Verlag GmbH Seelze 1989.
(S. 83) **Riha, Susanne:** Igel. Aus: Wir schlafen, bis der Frühling kommt. Annette Betz Verlag München 1987.
(S. 87) **Rodari, Gianni:** Aufforderung zum Tanz. Aus: Kopfblumen. Der Kinderbuchverlag Berlin 1972.
(S. 80) **Rodrian, Fred:** Marienkäferlein. Aus: Ein Pferd schwebt durch den Himmel. Der Kinderbuchverlag Berlin 1989.
(S. 140/141) **Ruck-Pauquèt, Gina:** Und vorher? Aus: Gina Ruck-Pauquèt, Tag- und Traumgeschichten. Otto Maier Verlag Ravensburg 1976.
(S. 71) **Ruika-Franz, Viktoria:** Bitte. Aus: Sieben Blumensträuße. Hrsg.: Hans-Otto Tiede. Verlag Volk und Wissen Berlin 1987.
(S. 76) **Saalmann, Günter:** Ein Bäumchen wie ein Reisig. Aus: Mein Baumbüchlein. Hrsg.: Helga Stolzenburg. ABC-Zeitung (Beilage) 1978.
(S. 89) **Scheffler, Ursula:** Fremdsprachen sollte man können. Aus: Fisher-Price, Lernen ist lustig. Kleine und große Tiere. Time life Kinderbibliothek Amsterdam 1990.
(S. 108, S. 125, S. 146) **Scheuering, Erika:** (S. 146) Als Uribert zum Waldfest flog, (S. 125) Vom Frosch Florian und der Krähe, (S. 108) Wie der kleine Timmi ein berühmter Clown wurde. Aus: Erika Scheuering, Bunt wie Seifenblasen. Pestalozzi-Verlag Erlangen 1991.
(S. 73) **Schulze, Axel:** Herbstbaum. Aus: Axel Schulze, Der Wunderzirkus. Der Kinderbuchverlag Berlin 1985.
(S. 94) **Schubiger, Jürg:** Das dicke Kleid. Aus: Der fliegende Robert. Hrsg.: Hans-Joachim Gelberg. Beltz Verlag Weinheim und Basel 1991.
(S. 15) **Schwarz, Regina:** Ein F ist allein. Aus: Was für ein Glück. 9. Jahrbuch der Kinderliteratur. Hrsg.: Hans-Joachim Gelberg. Beltz Verlag Weinheim und Basel 1993.
(S. 77) **Sergel, Albert:** Das Vogelnest. Aus: Sieben Blumensträuße. Hrsg.: Hans-Otto Tiede. Verlag Volk und Wissen Berlin 1983.
(S. 92) Slavica, nach Gabi Berger und Walter Pichler. Aus: Frohes Lernen, Lesebuch. **öbv&hpt** VerlagsgmbH Wien 1998.
(S. 37) **Spohn, Jürgen:** Jeder Zeit. Aus: Jürgen Spohn, Drunter und drüber. Verse zum Vorsagen, Nachsagen und Weitersagen. Verlag Heinrich Ellermann München 1980.
(S. 61) **Steinwart, Anne:** Ätsch. Aus: Mensch, Jule! Benzinger Edition, im Arena Verlag.
(S. 72) **Storm, Theodor:** Ein grünes Blatt. Aus: Helga

Stolzenburg u. a.: Mein Baumbüchlein. ABC-Zeitung (Beilage) 1987.
(S. 72) **Sturm, Ursula:** Rätsel. Aus: Ursula Sturm und Harri Förster, Zwischen Fuchsbau und Elsternest. Verlag für Lehrmittel Pößneck 1982.
(S. 159) **Thoma, Ludwig:** Heilige Nacht. Aus: Kinderzeit im Festtagskleid. Herder Verlag Basel und Wien 1993.
(S. 106/197) Tipps für schlaue Verkehrsteilnehmer. Nach: Helmis Tipps für schlaue Verkehrsteilnehmer. Kuratorium für Verkehrssicherheit.
(S. 137) **Tolstoi, Leo:** Das gute und das böse Tier. Aus: Franz Fühmann, Das Tierschiff. (urspr. aus: Das neue Alphabet. Der Kinderbuchverlag Berlin 1965.) Der Kinderbuchverlag Berlin 1987.
(S. 68/69) **unbekannt:** Meike ist blind. Aus: Blind sein. Der Guckkasten.
(S. 93) **unbekannt:** Erica aus Brasilien. Aus: Mücke, 12/94
(S. 122) **unbekannt:** Wirrle-knirrle-knarrlelat. Aus: Krokofant (Interkantonales Sprach- und Sachbuch, Klasse 2). Lernmittelverlag des Kantons Zürich 1977.
(S. 144/145) **Ukrainisches Volksmärchen:** Der Handschuh (Auszug). Buchhandels- und Verlagsanstalt Leipzig o. J.
(S. 158) **Volksgut:** Es schneit. Aus: Das große Vorlesebuch.
(S. 27) **Weber, Emil:** Fritzens ganze Familie. Aus: Fisher-Price, Lernen ist lustig. Time life Kinderbibliothek o. J.
(S. 75) **Welsh, Renate:** Nina und der Wald. Aus: Renate Welsh, Nina sieht alles ganz anders. Ravensburger Buchverlag o. J.
(S. 28) **Widerberg, Siv:** Es waren einmal eine Mama und ein Papa. Verlag Friedrich Oetinger Hamburg 1991.

Abbildungs- und Fotonachweis

S. 132: Segelschiff „Phillip Nelsen", Urgroßeltern. Fotos: Heide Krahnepuhl, Rostock. **S. 34:** Illustrationen: Mini hat Moritz trotzdem lieb, Christine Nöstlinger jun. Aus: Mini ist verliebt, Dachs-Verlag 1999, Mini erlebt einen Krimi, Dachs-Verlag 1996, und Mini ist die Größte, Dachs Verlag 1993. **S. 35:** Foto: Christine Nöstlinger © Dachs Verlag, Wien. **S. 52:** Illustration: Ein Gespenst hat an die Wand geschrieben, Gisela Neumann. Aus: Walter Petri, Humbug ist eine Bahnstation. Der Kinderbuchverlag Berlin 1978. **S. 55:** Illustration: Wasser ist nass, Erich Rauschenbach, Berlin. **S. 64/65:** Illustration: Die Brummels, Hanne Türk und Norbert Landa Bollschweil. **S. 67:** Joan Miró, L'échelle de l'évasion. Museo National Centro de Arte Reina Sofia, Madrid. © VG Bild-Kunst, Bonn 1996. **S. 78:** Albrecht Dürer, Das kleine Rasenstück. Graphische Sammlung Albertina, Wien. © AKG Photo, Berlin. **S. 86:** Illustration: Komm, kleiner Indianer, Alicia Sancha. Aus: Käthe Recheis/ Friedl Hofbauer: Komm, kleiner Indianer. Kerle im Verlag Herder Freiburg, Wien 1999. **S. 100/101:** Illustration: Swimmy im Fischschwarm. Aus: Leo Lionni, Swimmy. © Gertraud Middelhauve Verlag, München 1964. **S. 109:** © Succession Picasso/ © VG Bild-Kunst, Bonn 1996. **S. 109:** © Man Ray Trust, Paris/ VG Bild-Kunst, Bonn 1996. Bildgeber: Telimage, Paris. **S.127:** Pieter Brueghel d. Ä., Schlaraffenland. Alte Pinakothek, München. © AKG Photo, Berlin. **S. 130:** Neuruppiner Bilderbogen Nr. 2788, Heimatmuseum Neuruppin. **S. 155:** August Macke, Großer Zoologischer Garten. Museum am Ostwall. I. Spiler, Dortmund. © VG Bild-Kunst, Bonn, 1996.